阅读成就梦想……

Read to Achieve

### 图书在版编目（CIP）数据

啮合创业：在斯坦福学创业规划 /（美）科斯尼克，（瑞典）拉姆菲尔特，（瑞典）谢尔贝里著；张帏，齐继国，郑琦译. — 北京：中国人民大学出版社，2016.6

书名原文：Gear Up: Test Your Business Model Potential and Plan Your Path to Success
ISBN 978-7-300-22925-6

Ⅰ.①啮… Ⅱ.①科…②拉…③谢…④张…⑤齐…⑥郑 Ⅲ.①企业创新 Ⅳ.①F270

中国版本图书馆 CIP 数据核字（2016）第 025512 号

### 啮合创业：在斯坦福学创业规划

[美] 汤姆·科斯尼克
[瑞典] 莉娜·拉姆菲尔特 著
乔纳斯·谢尔贝里
张帏 齐继国 郑琦 译
Niehe Chuangye: Zai Sitanfu Xue Chuangye Guihua

| | | | | |
|---|---|---|---|---|
| 出版发行 | 中国人民大学出版社 | | | |
| 社　　址 | 北京中关村大街 31 号 | 邮政编码 | 100080 | |
| 电　　话 | 010-62511242（总编室） | 010-62511770（质管部） | | |
| | 010-82501766（邮购部） | 010-62514148（门市部） | | |
| | 010-62515195（发行公司） | 010-62515275（盗版举报） | | |
| 网　　址 | http://www.crup.com.cn | | | |
| | http://www.ttrnet.com（人大教研网） | | | |
| 经　　销 | 新华书店 | | | |
| 印　　刷 | 北京联兴盛业印刷股份有限公司 | | | |
| 规　　格 | 170mm×230mm　16 开本 | 版　次 | 2016 年 6 月第 1 版 | |
| 印　　张 | 10.75　插页 2 | 印　次 | 2016 年 6 月第 1 次印刷 | |
| 字　　数 | 130 000 | 定　价 | 57.00 元 | |

版权所有　　侵权必究　　印装差错　　负责调换

# 推荐序

当清华 x-lab 将《啮合创业：在斯坦福学创业规划》的初稿交给我时，恰逢我创业届满一年。回首来处，渐行渐远的 2015 年，既有溯流而上的艰难求索，又有静水流深的长远构建；既有稳若磐石的价值坚守，又有波谲云诡的拓进巨变。大到万邦之国，小到有识之士，无不在砥砺前行，逐梦大同。我们不能也不敢辜负这个伟大的时代，无阻的时代无法兼容无为，我们更需奋勇当先。

我也与无数跟我一样富有想法、充满激情、投身创业创新大潮的同行者进行过交流，许多人在毕业、离职创业前，在自己身处的领域已为翘楚，是无数人顶礼膜拜、争相学习的偶像。而在自己创业后，当各个方面的事物排山倒海地压向自己时，才发现有许多事情都未曾考虑过，甚至闻所未闻。"你真的准备好创业了吗"是值得每一个踌躇满志准备打拼属于自己的一番事业的人首先应该自问的问题。

如果创业是一门宏大的学科，那么《啮合创业：在斯坦福学创业规划》无疑是"创业学序论"这门课程的优秀教材。无论是刚刚踏上创业路的新人，还是仅仅想了解创业过程的旁观者，这本书都能为他们提供丰富的内容。作者在短短数万字十个章节的篇幅下，分别以客户、产品爆点、客户获取、商业模式、合作伙伴、竞争对手、全球化、团队、现实检验和同步你的齿轮为题，展现了一套全景蓝图似的企业发展规划指南。读完全书之后，让人颇有回到现实跃跃欲试之感：刚刚创业者可以将书中所学运用于所创之业，从各个角度雕琢之前不足之处，力助企业发展壮大，使其更上一层楼；已有小成者可以运筹帷幄，将未来发展尽数盘算清楚，实现自己的最终理想；而经历失败者，也可以为自己加油蓄力，更好地总结前次失败的原因，为东山再起做好准备。

曾国藩有云："人初做事，如鸡伏卵，不舍而生气渐充。如燕营巢，不息而结构渐牢。如滋培之木，不见其长，有时而大。如有本之泉，不舍昼夜，盈科而后进，放乎四海。"就像书中所说，没有人能抵抗住实现商业创意的欲望，但在实现商业创业的路上，需要我们少一点点浮躁，多一点点踏实。创业的道路是向上的，充满能量的，也是充满迷茫与困惑的。但有一点是毋庸置疑的——无论你是社会精英抑或是平民草根，无论你是踌躇满志抑或是怅然若失，你都确定无疑地跻身或被跻身进这个伟大的变革时代。我们有幸在这样一个时代里遇到《啮合创业：在斯坦福学创业规划》这样一本好书，它将会一步步引导我们从认识、解析每一个齿轮开始，直至它们啮合成一个整体图景。相信我们在阅读之后，一定可以脱离齿轮的角度，升至企业机器的高度，以全局、全阶段的角度重新思考创业，激发我们的潜能，实现自我价值，最终拨开各种各样的路障，用我们的智慧和勇气去探求天底下最美的景观。

毛大庆

优客工场创始人、董事长兼 CEO

亿润投资高级合伙人

万科外部合伙人

# 译者序

当前,"大众创业,万众创新"的理念正在积极推动着中国的创新创业,各地纷纷建立了各种众创空间和孵化器,并推出减轻创新创业企业负担、提供财税支持、增加融资渠道等各种措施。中国的高校纷纷开展和积极推动大学生创新创业教育。

作为在创新创业领域开展了多年研究和教育的学者,我为中国创新创业的蓬勃发展感到兴奋,特别是很高兴看到"敢于创新、勇于创业"的人越来越多,社会对失败也更加宽容。同时,我也感到担忧,甚至是很大的担忧。毕竟,创业有很大的风险和不确定性,其失败率是很高的,盲目或"赶潮流"的创业是有害的。而"投资"讲究"效益",这既包括政府投资、企业投资,也包括教育投资等,如果没有效益,就难以实现可持续发展。

清华大学中国创业研究中心从2002年开始开展《全球创业观察中国报告》研究,过去十多年的研究结果表明,中国的创业活动在全球中处于活跃状态,并且已经从以生存型创业为主转变为以机会型创业为主。但是,中国的创业机会虽多,国民的创业动机虽比较强,但创业能力不足,亟须通过创业教育和实践智慧的积累提高创业能力。中国需要一大批既敢于创新、勇于创业,又善于创新创业的人才。

我们深知加强对(潜在的)创新创业者教育的重要性,这既包括新创企业的创业者,也包括大公司内部的创新创业者。而要开展良好的创新创业教育就必须坚持理论和实践的有机结合。

清华大学经济管理学院是国内最早开展创新创业教育探索的学术机构之一,学院在1998年就开设了MBA创新创业方向。我从2003年开始指导学生团队参加国际创业(计划)大赛,由我带领的清华团队在加州伯克利大学夺得第五届英特尔全球技术创业挑战赛大赛冠军,这是亚洲的高校首次在此类重要的大赛中夺冠。三年前,我和同事一起创建了清华 x-lab(x- 空间),这是一个以发现和培育创意创新创业人才为核心使命的新型教育平台。在其创建和发展过程中,我接触了大量的创新创业者,发现他们存在一些共性的问题,比如,有的不知道如何找到真正有潜力的创意,有的对用户痛点了解不足,产品或服务不够醒目,还有的虽然有不错的产品,但不知道如何找到真正的客户和开拓市场等。我们也接触了不少主动来和清华 x-lab 交流合作的大企业,他们希望抓住新的商业机会,并通过公司内部创业走上新的台阶,但他们也常常面临很多类似的挑战。

开设创意创新创业课程,开办训练营,以及创办创新创业大赛等是清华 x-lab 实现"发现和培育创意创新创业人才"这个使命的一些重要方式。作为学者和教师,我深知一本合适的教材能起到很好的基础引导作用,使创新创业者的学习和探索事半功倍。我们的团队一直在探索合适的教材,恰在此时,中国人民大学出版社邀请我帮助筛选创新创业方面的读物或教材,经过反复比较分析,我们选中了这本《啮合创业:在斯坦福学创业规划》。

《啮合创业:在斯坦福学创业规划》由三位在斯坦福大学讲授创业课程多年的教师共同编写。其中,汤姆·科斯尼克博士早在 1986 年就在斯坦福大学商学院获得博士学位,在斯坦福大学讲授创业课程 20 多年。此外,他还是一家专门为创业者和企业家开拓新市场服务的硅谷知名咨询公司的共同创始人。莉娜·拉姆菲尔特博士在斯德哥尔摩大学取得博士学位,从 1997 年开始和汤姆一起在斯坦福大学授课。乔纳斯·谢尔贝里曾是 Skype 公司当年的领导团队成员之一,并且是连续创业家与创业投资家,他也积极参与了汤姆和莉娜在斯坦福大学的创业课程教学活动。他们对创新创业中的关键问题,特别是对如何找到真正有潜力的创意和商机,以及如何创立一系列以赢取客户为中心的策略以开发创业机会有着深刻的理解。

# 译者序

作为一本创新创业指南，《啮合创业：在斯坦福学创业规划》的形式也很新颖，图文并茂，并且每章都附带图表供读者进行针对性训练，帮助读者提高其创业思维能力。全书系统化讲述了客户、产品爆点、客户获取、商业模式、合作伙伴、竞争对手、全球化、团队、现实检验等九个创业要素，并将它们类比为机械系统中环环相扣的"齿轮"。本书将帮助大家分析和构建每一个"齿轮"，并指导大家如何有效啮合这些不同的"齿轮"，使其同步前进。在创业过程中，"同步你的齿轮"才能真正发挥最大的能量。这也正是我们将此书翻译为《啮合创业：在斯坦福学创业规划》的原因。

作为译者，我们希望本译著对于创新创业者有所启发和帮助，特别是能够指导他们在创建一个高潜力公司的过程中少走"弯路"；也希望通过我们的努力和传播，为中国更加生机勃勃的"大众创业，万众创新"助力，哪怕是微薄之力！

来自清华大学的王安琪、胡潇婷、乐晓颖、郝聪宇、范烨莲、张佳丽、陈东子、张初晴等同学参与了本书的初译工作，全书由张帏、齐继国和郑琦多次进行了认真的翻译审校，张帏进行了最后的统一审校。我们感谢中国人民大学出版社对我们工作的支持。本书作者还应译者的邀请专门为中文版写了序言。

翻译中的不足之处，敬请批评指正！

张帏<br>清华大学经济管理学院创新创业与战略系　副教授<br>清华 x-lab 创始主任、学术主任<br>清华大学中国创业研究中心　副主任

# 中文版序

是不是总有一些事在你创业初期困扰着你呢？如果是，那你就有充分的理由读这本书了。因为在这本书的帮助下，你可以借力这本书尝试去解决一些问题了。在这本书中，我们会带你识别那些在创业中困扰你的"痛点"，相信你可以通过本书找到合适的"止痛药"，最终获得"客户"，走向成功。

当然书中还有大量的其他知识：使你拥有在其他潜在的或现有的"竞争对手"中脱颖而出的创造"产品爆点"的能力；加强你对市场的理解，知道如何获得并留住客户；帮你识别出可持续的"商业模式"来收回成本获得利润并发展壮大。合作伙伴将利用他们自身的能力来帮助你发展，为你的产品增添产品爆点，以及带给你新的客户。你的"团队"必须完全是为了企业的生存而组建的。最后，特别需要强调的是，诚实、公正的"现实检验"有助于你去识别、评估风险，确定其优先等级，并弄清楚如何防范风险，以及风险发生时该如何应对。

或许目前阶段根本没有什么让你困扰的事情！你看这本书只是出于对新的商业创意感到好奇，那么这本书也会对你有帮助。一旦读完了这本书，或许你会开始想着手为自己的创意做点什么，也或许你会得出结论发现自己并不适合创业！我们希望这本书最起码能让你对那些为了自己的创意决定放手一搏、决定辞职或者错过了家庭聚会的人们心存尊重。

这本书的初衷是给每个人一个机会来形成新的商业创意。我们相信，通往优秀商业创意的道路一定充满了失误、重头再来、尝试与错误。这就是为什么这本书设计了许多的空白区和问题，因此，你可以试填、划掉，再用不同颜色的笔重做，和你信任的人交流，让他们也来一起做。读完这本书后，我们希望，你分享给他人的不是"我读完了"，而是"我做到了"。你手上的这本书应该被翻过很多遍、被标记上不同的颜色、页面上贴满图片，并被充分利用起来。如果你愿意把你读过的书拍下来一两张图片发给我们，我们会非常高兴。测试一两个甚至三个创意！用书中的框架、工具和练习来测试这些创意，以求创建一个成功的营利性公司或者一个非营利的社会企业。

再次强调，如果你在阅读第一页时还没有自己的创意，那没关系，可以试试别人的。比如说，你可以选择你最喜欢的品牌，想象你在负责发布下一代产品，并带着这个创意阅读全书。接下来可能会发生两件事：1. 你可能会发现你最喜欢的这个品牌可以做得更好；2. 你可能开始"对创业感到心痒"——你也想去做点什么。

没有人能抵抗得住实现新的商业创意的欲望。

我们过去的参与者包括：初中生、高中生、大学生、初创企业的联合创始人、发展良好的中小企业的 CEO、政府官员、律师、咨询师、社会创业者、公司培训项目中的中高层管理者。我们和一些知名公司合作，让他们从不同的角度重新思考自己的市场，去创造新的机会来确保未来的业务，也和一些营利性的初创企业以及那些努力发起非营利基金的人们进行合作。

我们很高兴能与这些遍布全球的人们合作，来创造并开发各种创意。使用这本书的读者来自世界各地：斯德哥尔摩、哥本哈根、硅谷、阿尔布开克、纽约市、洛杉矶、布宜诺斯艾利斯、圣地亚哥、墨西哥城、蒙德维的亚、波多黎各、新加坡、吉隆坡、胡志明市、曼谷、马尼拉、帕劳，以及中国的一些城市，如北京、上海、深圳、南昌、南京等。

我们非常荣幸能够与中国和亚洲其他地区创新创业研究和教育的重要引领者清华 x-lab 团队合作。

无论走到哪里，我们都能碰到拥有伟大创意的人。

祝愿你们成功！

**本书**献给那些希望把新的商业机会引入生活或打磨完善现有业务的创业者和领导者。

**本书**将帮助你创建新的市场或颠覆现有的市场。

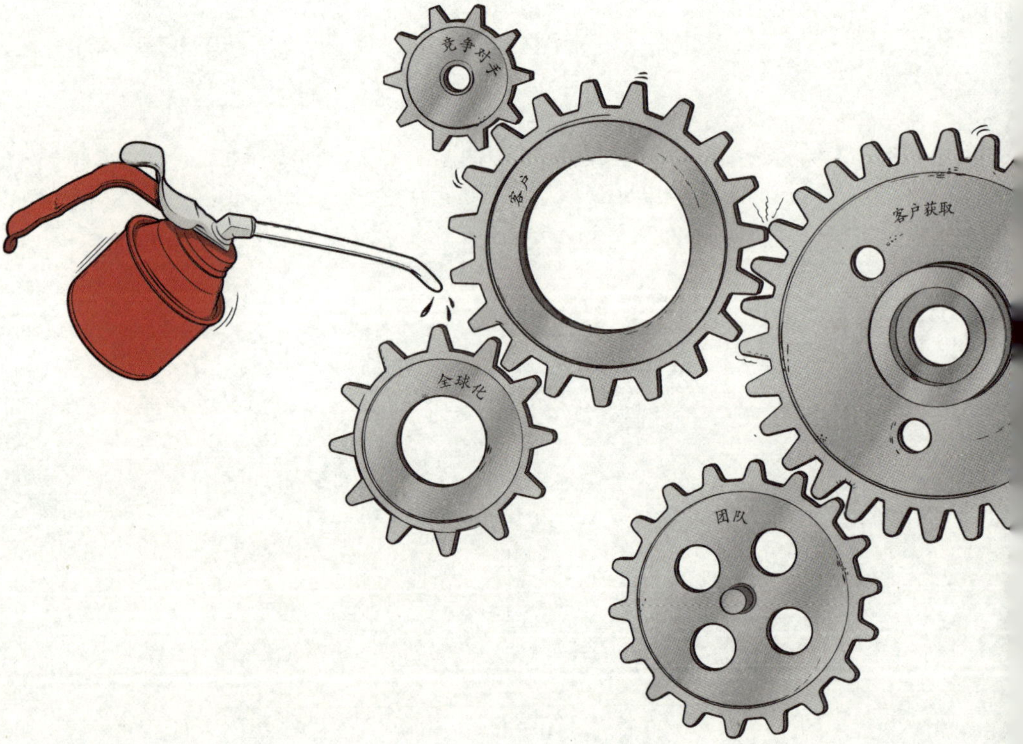
竞争对手
客户
客户获取
全球化
团队

目 录
CONTENT

导　言　有些公司成功了，其他倒下了　/1

第1章　客户　/6

第2章　产品爆点　/24

第3章　客户获取　/42

第4章　商业模式　/62

第5章　合作伙伴　/78

第6章　竞争对手　/94

第7章　全球化　/109

第8章　团队　/120

第9章　现实检验　/134

第10章　同步你的"齿轮"　/146

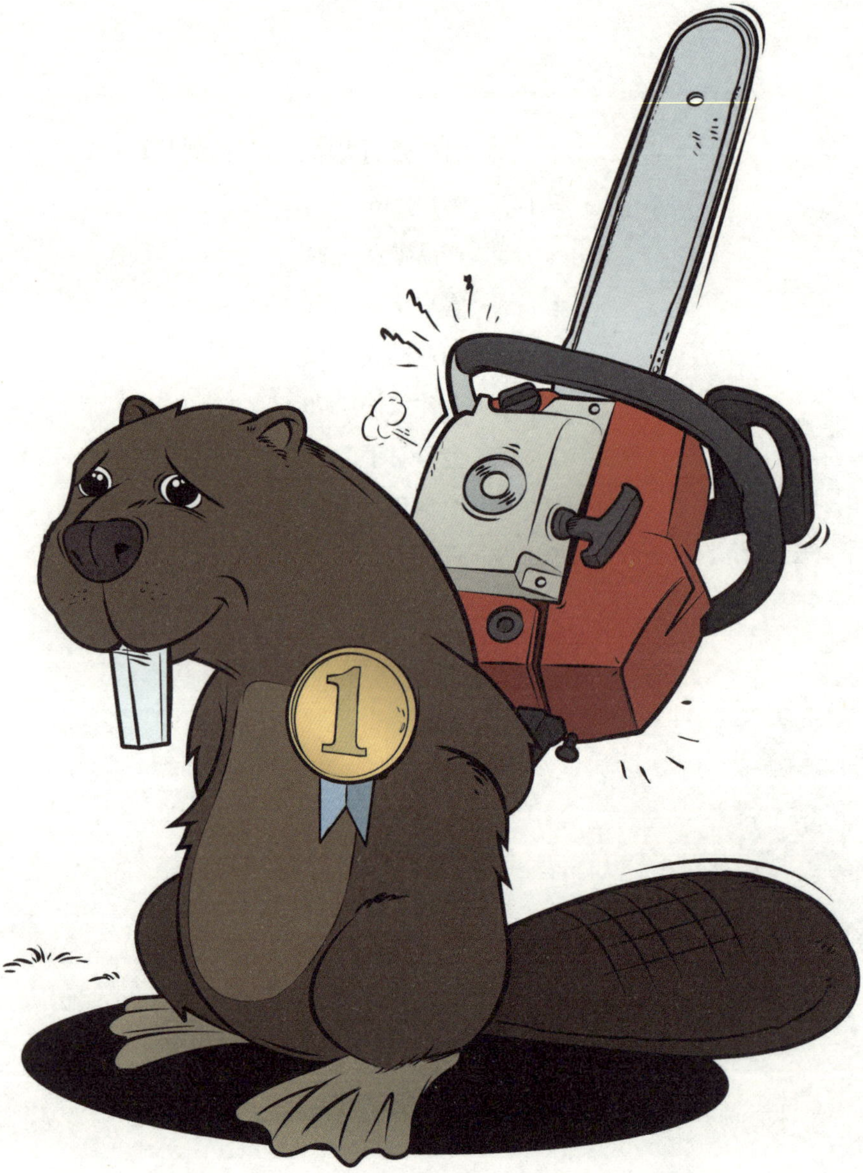
1

导言
# 有些公司成功了，其他倒下了

为什么有些商业创意最终做成大业，其他却萎缩甚至消亡？当你确定一个新创意或者打磨一个已有的创意时应该关注哪些方面？商业走向成功最重要并且一定有效的那个因素是什么（注意：这是个陷阱题）？

如果你正在计划追逐新的商机或者拓展现有的商机，那么你可能希望找到一些答案。《啮合创业：在斯坦福学创业规划》这本书在这方面能够帮到你！通过本书的指导，你可以从你众多的新点子中找到最有潜力的那个。这本书也可以用来帮你决定：是继续推进现有的创意，还是将其放弃，再去找更大更好的创意。

本书不是为特定的问题提供具体的解决方案，而是提供一个框架结构帮你分析你在特定环境下的需求。你对每个齿轮上的问题回答都会帮你创建一套针对你的结果和战略。如果把这本书比作一个"私人健身教练"，那么，它会帮你针对你的目标制订一整套训练计划，但你必须自己花时间去健身房训练。它会告诉你去做俯卧撑，但它不会替你做。如果你能坚持下来，你所有的努力和付出就会值得。如果你一直按计划行事，你将会学会如何管理你最宝贵的财富：你的人脉、声望、天赋、时间和金钱。

本书是为了帮助新企业的创业者们以及已经在大大小小的成熟机构中担任领导职务的人决定哪些新创意值得去尝试。一旦你已经决定了一个创业想法，本书将帮助你开拓新市场或者打破现有的市场。本书是创业企业家与学者们共同努力的成果，书中的每条建议都已经在全球被很多创业型领导人检验过。

本书对本科生和研究生也有很大的价值。书中的"啮合创业"（Gear Up）模型的学术根源在哈佛商学院和斯坦福大学都能找到，这本书也已在斯坦福大学和斯德哥尔摩经济学院投入使用。

## 首先是困惑

抓住新商机的同时总会带来不少困惑。你不知道会往哪个方向发展，仿佛到处都是风险，创业想法也不见得奏效。你想检验它，但你也不确定

导言　有些公司成功了，其他倒下了

是否有勇气和耐心去尝试，也没有什么捷径可走。

**其次是架构体系**

困惑是本性使然。正如温斯顿·丘吉尔所言："成功意味着屡战屡败却从未失去热情。"事实上，很多企业家认为开启新征程时那股兴奋的冲劲是整个奋斗过程中最精彩的部分。所以说，鼓起勇气吧！"啮合创业"模型将会帮助你创立一系列以赢取客户为中心的策略，从而指导你开拓发展商机。在你开始进行我们的训练项目后，你将会发现困惑中会有一个支撑架构体系，你的成功之路也将随之逐渐浮现。

## 创建你的商业机会

那么你认为有哪些"齿轮"能推动公司向前运转？这里有九个齿轮构成了创建一家高潜力公司最关键的部分，它们分别是：客户、产品爆点、客户获取、商业模式、合作伙伴、竞争对手、全球化、团队和现实检验。你必须要考虑每个齿轮，确保它们能同步协调运转。如果你已经完成了这些，你会发现你仍然有足够的热情去解决客户的痛点，从而发现你的商机是值得追求的。

以下是运作过程：你需要客户——一般来说是很多客户，这些你想招揽来的客户都有自己特定的痛点，并且只有你的产品或者服务能够解决他们的痛点。因此，你需要一个独一无二的引爆点，使你的产品有别于其他竞争者的产品。然而这还远远不够。你还需要客户获取的方法和一个可持续的商业模式。这三个齿轮——产品爆点、客户获取和商业模式——共同构成了你的销售法则。

随着你的生意开始扩大，你可能需要找到恰当的合作伙伴。因为你不是在真空中启动你的公司，所以你不得不应对你的竞争对手，他们很可能比你更强大、更有经验、有更多的资金支持。如果你的商业要真正起飞，那么你就要走向世界，帮助世界各地的客户解决他们的痛点。最后也是不容忽视的一点是你的团队，在所有的齿轮中，团队是创新、交付以及迎接其他公司挑战的关键。

那些有特殊天赋且很有执行力的人将成为你事业的核心，没有他们，你将不可能实现向前发展。你也要定期进行现实检验，确保一切都在正常运作。

准备好了吗？让我们开始加油吧！我们将首先开始学习客户获取，这是整个战略提出的根源。

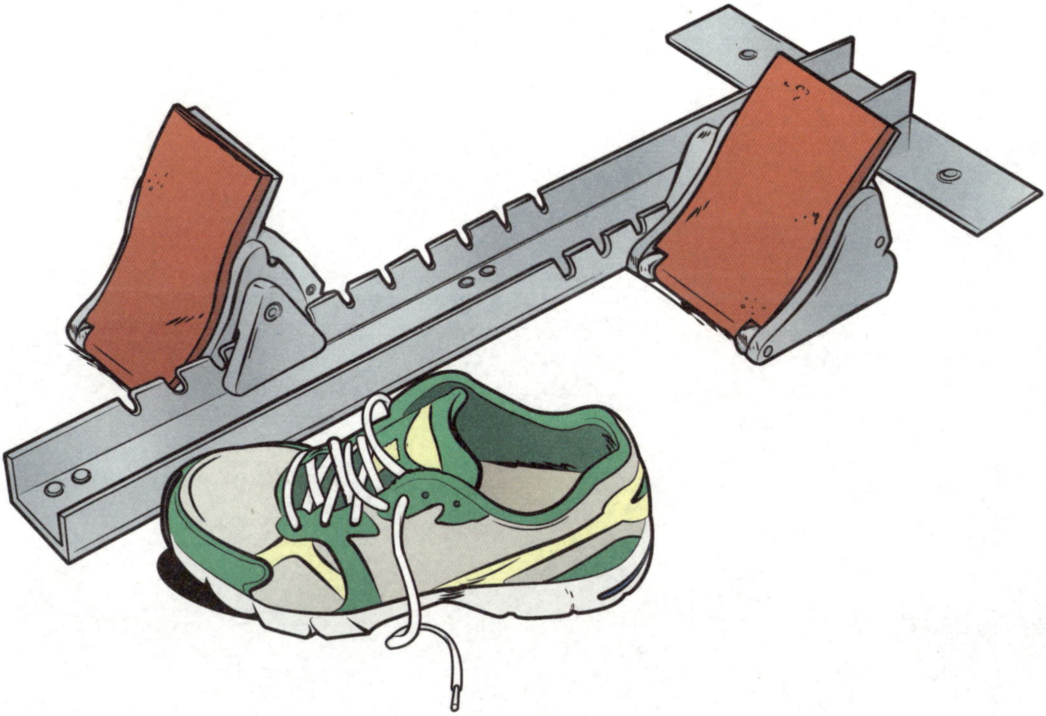

# 第 1 章

# 客户

为了开拓新的市场或打破现有的市场，
你需要有客户

如果你追不上客户,那么就无法把产品卖给他们

让我们明确一个事实：每个公司都要仰仗自己的客户，没有他们，你不可能获得成功。如果你想要赢取客户，你必须要清楚客户究竟想要什么。他们的主要"痛点"是什么。客户的哪些问题或需求是你的公司有可能解决或实现的？你必须有足够的热情去寻找真正能解决他们"痛点"的方法。你必须超越现有的解决方案，提出可能实现的最佳解决方案。

### 你的公司是否在解决一个问题

什么是你公司存在的价值？创办公司的目的是为了解决某些问题。这些问题不见得一定要是最艰巨的挑战，但你的公司得以存在的明确且简单的理由就是一部分人有些问题需要解决，而你能帮他们解决。很多时候，在会议室里讨论或写在商业计划书里的创意，听上去都挺不错，但最后却很难实现，这是因为相关产品并不能解决某些人的问题。

客户的痛点是一些困扰他们很久的问题，大致可被描述为"我费了好多时间去做"、"我花了好多钱去做"、"这事特别复杂"或"这事真没劲"。因此，你的解决方法就是你提供的服务能缓解客户的困扰——怎样减少时间、开支、难度或让其不再乏味。

有时客户和最终用户对他们的痛点有不同的感受（注意：两者不见得是同一个人。客户是为产品付钱的人，最终用户是产品实际使用者）。因此，确保你能正确地识别出两者是很重要的。

### 你将如何知道是什么在为你和你的公司服务

为了发现潜在客户的痛点，并了解你对新产品的创意是否足够好，你需要走出你的舒适地带——办公室。没错，你要走出你的办公室，与你未来的客户互动。但你如何知道哪些客户是需要与之互动的？通过网上收集来的数据并凭此开始尴尬的第一次接触是不可能帮你找到你的潜在客户的。通过电邮轰炸式地发送一堆开放式的调查也只会浪费你宝贵的时间而已。当然了，你可以尝试最直接的方式——直接去问一个人他需要什么。如果你足够幸运的话，他会告诉你的。然而更多时候，你的潜在客户

第 1 章 客户

只能提供一个模糊的概念，类似某些事情不太对之类，并且他们说不清楚究竟怎样才能让他们高兴。亨利·福特曾经说过："如果当初我去问人们他们需要什么，他们可能会回答——需要匹更快的马。"

## 与你的客户进行互动

识别你的潜在客户并发现他们痛点的最好办法就是去观察他们，加入他们并与之互动。学会如何做记录并做出结论。如果你能推断出人们可以做得更巧妙、更迅速、更简便、更便宜或者能获得更多乐趣，那就去尝试吧！坐到公园的长椅上，去观察过往行人里的潜在客户：他们在干什么？关注什么？他们带着到处走的小玩意、工具和装备是什么？他们是特立独行还是成群结队？这些实地考察能够为你提供有用的信息，帮助你了解你的潜在客户及其痛点。正如哈雷-戴维森公司的销售员所观察的那样："如果你不能和他们并驾齐驱，你不可能把产品卖给他们。"

所以，你需要学习如何创业前行！先做一个产品原型，然后走出去开始销售，之后再推出升级版。每次迭代中你得到的反馈越多，你就能越快知道你的产品能否解决客户的痛点。相对于无止尽的开会、在白板上写写画画并反复讨论产品将变得如何伟大，与你的潜在客户交流并向他们出售你的初始产品要有效得多。另外，你会更多地了解为什么客户会考虑购买你的产品——这或许和你出售你的产品的理由并不一致。他们会给你提供相关的改进意见，你很快就会知晓他们对你的产品的评价——喜欢或者不喜欢它。要迅速发布第一个版本！

苹果的设计团队现在就是这么做的，沃尔沃的设计者们也是这么做的，宜家的创立者们也一直乐此不疲——与客户互动。但是，要说服潜在客户（和最终用户）花时间考虑新产品，现在变得越来越难了。首先，仅仅引起他们的注意都可能很难。即使你已经得到了相应的关注，你也会发现大多数人已经有了紧凑的时间安排。他们可能很不愿意做出改变，走出自己的日常事务去做你想让他们做的事。一天只有1 440分钟，这些时间早已被他们的工作、旅行、吃饭、锻炼、各种交谈、家务琐事、娱乐还有一定的睡眠所占据。不管怎样，你不得不说服你的潜在客户：他们现在所拥有的还不够好，值得他们花一点时间去考虑甚至愿意承诺使用你提供的这个神奇的替代品。尽管改变潜在客户的行为是很难的，但这也是可以做到的。能够接受这一挑战的公司都明白什么是"高风险、高潜力"。

你不必一定要按照这条路线走。有两种选择可以改变客户的行为。一种是试着变换产品。假如你的客户已经有了一辆车，为何不给她提供另一辆车？你的客户的行为没有变（她仍然在开车），但她的产品选择却变了，选了你的产品。

第二种方法是向客户提供超出她预期的产品。例如，第一部手机的诞生，使人们能够每周7天24小时保持联系，这就是通信领域一个惊人的突破。但是，后来随着智能手机进入市场，人们现在不仅用手机打电话，还能用手机查询邮件、听音乐、玩游戏，不管他们人在哪里，也不管他们正在做什么其他的事情。这就是所谓的增值。

第1章 客户

客户描述的产品

销售人员销售的产品

项目负责人理解的产品

工厂制造的产品

客户买单的产品

客户真正需求的产品

**注意：当客户真正需要的是一辆自行车时，请不要为他造一辆汽车！**

练习

## 谁是你的客户

他们是否有同样的痛点？在下图方框内对他们作出简短的描述。

**我的客户是：**

提示：冲浪者

注意！你真正的客户群体有多少？他们之间有怎样的区别？

**客户分类：**

| 提示：冲浪者可以分为几个小群体，例如"长板" | 提示：嬉皮士 | 提示：当地人 |
| --- | --- | --- |
| 提示：总经理 | 提示：专业冲浪者 | 提示：儿童 |

啮合创业：在斯坦福学创业规划

## 从痛点到产品

好吧，现在你已对"你的客户是谁"和"你的产品如何解决他们的痛点"有了很好的认知。接下来的挑战就是如何把这些信息传递给你的团队，从而针对客户的痛点创造出成熟的、可以市场化的解决方案。

## 以下是常规的进展过程

你现在非常确定你已经知道了客户的需求，她讲述了她的需求并把她所想的展示在你面前，她甚至可能对该如何去做都有她自己的想法。你和你的团队需要聆听，认真聆听，然后将你听到的需求转化为产品规划。你的团队的经验和专业技术会对你设计的项目核心部分的规划产生影响。

现在客户的痛点已经转化成为项目描述。你将它交给你的工程团队，他们负责将大纲转化成带有里程碑和可交付物（deliverables）的"路线图"（工程师们非常擅长这个）。

如果你的团队真正了解了客户的痛点，并且你的工程师们成功地提出了解决方案，那么你就有了自己的产品。一旦经过与客户反复沟通迭代出最初的产品原型，你就有了可以发布的产品。你的产品进入市场——通常会有一场大型发布会（媒体覆盖越广越好）。之后，销售团队就开始寻找销售机会，同时运营团队则开始运营计费系统，可能还要有安装费和每月订购费来确保经常性项目收入。那么技术支持呢？可能你需要决定：如何处理、由谁来处理，以及是否将其计入客户获取的成本中。若是收入可观，这样的忙碌也不是坏事。尽管如此，有个问题依旧存在：这产品真的是客户想要的吗？如果客户们成了回头客，那这就是他们想要的。

## 哦，客户的痛点

你的客户们感知到痛点了么？他们是怎么说的？你从中了解到了什么？你提供相应解决方案了吗？他们会买吗？使用简单吗？你的客户是否满意？你确定吗？再思考一下。

第 1 章 客户

你解决了客户的什么痛点

你是否解决了客户的痛点

他们感知到痛点了吗？也就是说，他们会买吗？使用简单吗？

他们怎么说？你从中了解到什么

你中间让用户满意？

再思考一下

15

练习

## **你客户的痛点**

你的产品或服务究竟帮助你的客户解决了怎样的痛点?

**解释下你的客户的痛点有哪些?**

提示:这在暗处很难看见。

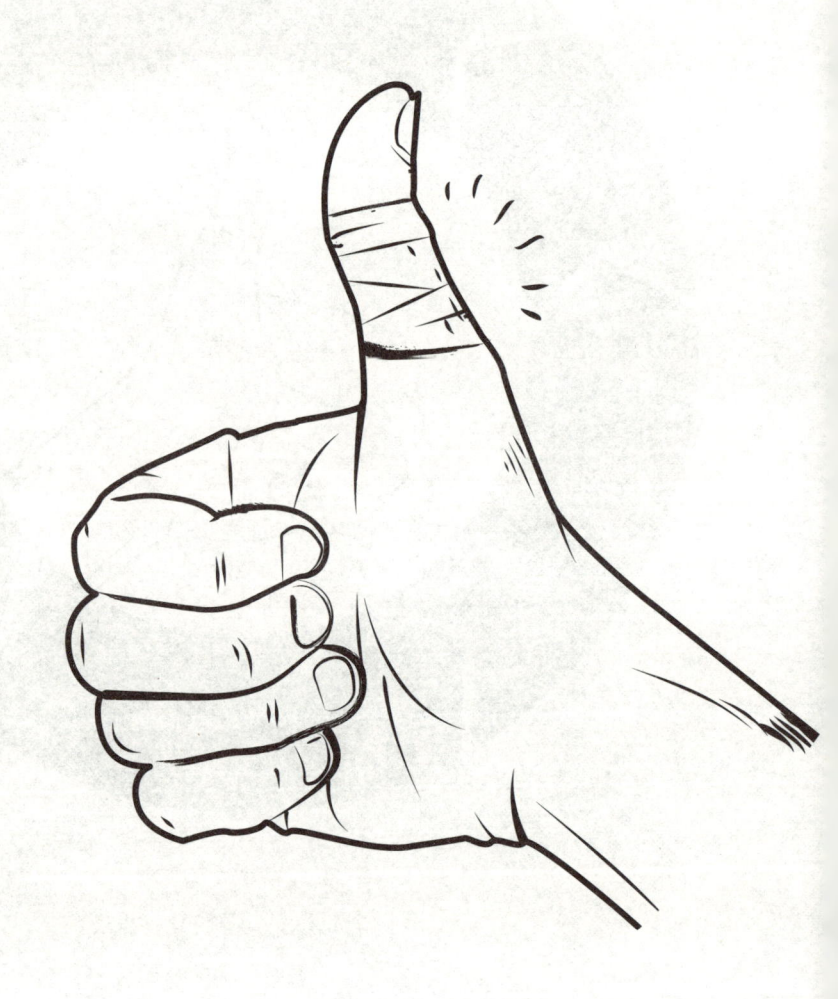

**解释一下你是如何解决客户的痛点的?**

提示:电灯泡。

> **注意!** 这很难,但如果你能说出客户的痛点并解释出你怎样能解决,那你做得就非常好了。

**你对客户的痛点知道得很确切,这是因为:**

提示:我一直不断采访、观察、参与、体验、交流,最终售出测试版产品等。

**你能仅仅通过预定就能开始销售你的产品吗?解释原因。**

提示:大众汽车公司发布了新版甲壳虫汽车的原型产品,公众的强烈反响和大量预定单促使公司开始生产这款汽车。

啮合创业：在斯坦福学创业规划

### 跨越鸿沟

你已经收获了你的第一批客户，做得好！那么现在怎么办？怎样越过那道鸿沟？也就是说，你怎样超越你现有的小圈子（即早期市场），进入到巨大的大众市场。杰弗里·摩尔（Geoffrey A. Moore）针对拥有巨大潜力的公司开发了一种最具影响力的模型之一：技术采用生命周期。在他的《跨越鸿沟》(Crossing the Chasm)一书中，他解释了为什么很多公司从未赢得大众市场。简而言之，是因为他们并没有意识到，不同的客户群体有不同的痛点。因此，他们在将技术转化成可适应不断变化的市场需求的商品时失败了，而这正是那些风险大、潜力也大的公司所销售的。很多公司在实现飞跃从而跨过这道坎时都面临着严峻的挑战。即使一些公司成功做到了，也没有人真正确切了解他们是如何做到的。但是，请注意：有一件事是很明确的——你的公司将会转变。

### 转化

让我们来回顾一下很多年前，一家公司通过一款产品让人们再也不必离开沙发手动调换电视频道。你是这家公司的领导，而且你拥有优秀的、热情工作的工程师团队。你给他们分配了工作，让他们完善产品，他们做得很出色。你的第一代产品——远程遥控器——有八个按钮。第二代产品有十个按钮，下一代产品有十四个按钮。这次你决定，是时候推出有二十个按钮的新产品了。但不幸的是，工程师们的财政预算在设计尚在进行中时就用光了，你不得不中止这次开发项目。出现这个问题前的情况是：你的第一批用户对新型远程遥控器的推出感到非常激动，因为他们可以坐在沙发上纹丝不动地换台，而且他们也很喜欢这些有趣的按钮，尽管他们可能只会用到其中的三四个按钮。你的合伙人、雇员还有潜在的投资者也非常喜欢它，因为他们很崇拜新技术。

当新鲜感逐渐退去，用户们似乎忘记了他们最初为何喜欢你的商品。现在在他们眼中，这只是一个按钮多的数不清的丑陋装置罢了。他们将你的产品搁在一边不管了，转而像过去那样走到电视前换台。这意味着什么？你已经越过了一道鸿沟，你的新客户们却有了其他

第 1 章　客户

的需求。你需要适应不断发展的客户基础和不断变化的行情（你可能需要建立市场销售部门）并找到新的合伙人。你必须重新考虑针对客户的痛点所提出的解决方案。你可能需要再核实一次：你的客户究竟需要几个按钮？

**早期的客户是如何描述的？**　　**大多数客户的真正需求是什么？**

练习

# 跨越鸿沟

这就是你的挑战：将你的产品定位从以创新者和早期采用者为目标转变为以大众市场需求为目标，从而跨过这道鸿沟。

**你现在的产品**

提示：有许多按钮的遥控器

衡量"跨越鸿沟"时需要做哪些事

在图上标出现在你的产品的位置

**你的产品的巅峰时刻**

提示：只有一个按钮的方便操作的遥控器。

鸿沟

创新者 | 早期采用者 | 早期大众 | 后期大众

练习

练习

## 你的客户生活中的一天

### 他们将如何使用它?

提示:47岁的会计师骑着哈雷戴维森的摩托车,穿着黑色皮革服装,看上去像是一个亡命之徒。

### 他们在哪里使用它?

提示:在乡间蜿蜒的小路上或者在小镇间穿梭,让人们感到害怕。

### 他们何时使用它?

提示:哈雷-戴维森的摩托车适合"自由骑行"的周末,骑者想体验有活力的感觉。

**注意!** 在不同的客户体验阶段,客户会有不同的问题,你都解决了吗?比如解压缩、安装、使用、删除等。

**本章小结——客户**

你必须确定你的客户的痛点。你找到痛点并提出解决方案的热情,要与那些准备付钱解决问题的客户联系起来。如果你不知道客户的痛点是什么,那么你需要观察并与潜在客户互动。直接询问客户意见并不总是最好的方法。如果你能从客户的角度着想,你就能将产品卖给他们。如果下列问题你的回答都是"否"的话,你需要继续学习这一章。

**需要回答的问题有:**

1  你是否发现了很多潜在客户存在一个共同的痛点?(你是怎么知道的?)
2  你和你的团队是否对解决这些问题有很高的热情?
3  你是否知道你的第一批客户是哪些人?
4  你是否能提供解决客户痛点的产品原型?
5  时机到来时,你是否做好准备跨越这道鸿沟?

**同步你的"齿轮",和客户同步**

客户是一切商业计划的起点和终点。从现在起,你做的任何事都必须和客户的意愿同步。

**记住**

与你的客户在一起,深入了解他们的痛点,然后提出解决方案。

第 2 章

# 产品爆点

为什么你的产品是特别的？超出想象
去找到你的产品爆点

创新，而不是模仿

你已经找到了你的第一批客户并售出了你的产品。但你的客户为此感到惊喜了吗？换句话说，你的产品打破了既定规则了吗？如果是，你的产品是如何让客户惊呼尖叫的？是什么让你的产品独一无二且引人注目？你的客户是否会觉得你的产品令人惊喜，从而将其推荐给他们认识的每一个人？是什么让你的产品体验如此让人难以置信，以至于你的第一批客户都变成了你的铁杆粉丝？可能你将其称为竞争优势，我们管它叫作"爆点"（The Delight）。

### 关注需求金字塔

让客户惊喜并不容易。他们想要的不仅仅是炫目的产品展示或者酷炫的营销噱头，而是能解决他们的问题。因此，若想推陈出新，你必须从客户需求金字塔的最底端开始。

你必须向客户提供产品的功能是最基本的要求，这也是需求金字塔的基础内容。你的产品若要解决客户的问题，就必须行之有效：一辆车必须能够载着司机从 A 地前往 B 地；遥控器必须能让赖在沙发上看电视的人自由地躺在沙发上随意换台；智能手机必须能让用户体验打电话、发短信、查询邮件和玩游戏等。

需求金字塔的第二级是效率。为了使你的产品有竞争力，你必须确保产品除了功能之外，能够比市场上其他产品在解决客户问题方面更快，或者花费更少，或者两者皆有。你生产的汽车是不是有不错的每加仑汽油里程数？你生产的遥控器是否能让客户不用再跳下沙发操作电视、DVD 和家庭影院？你的智能手机是不是比其他竞争产品更便宜？

不少公司能成功走过功能阶段和效率阶段，此后便停滞不前了。环顾四周，各种仿制产品杂乱地充斥在各路市场内。仅仅实现功能和效率的成功并不足以维持商业的成功，这也是很多新兴企业失败的原因。处于金字塔顶端的产品爆点，是博得满堂彩的关键因素，也是你的产品遥遥领先于其他同类产品的独特属性。若你能创造出你的产品爆点，你的客户会一直追随你，绝不弃你而去。

## 第 2 章 产品爆点

哇！这么牛！

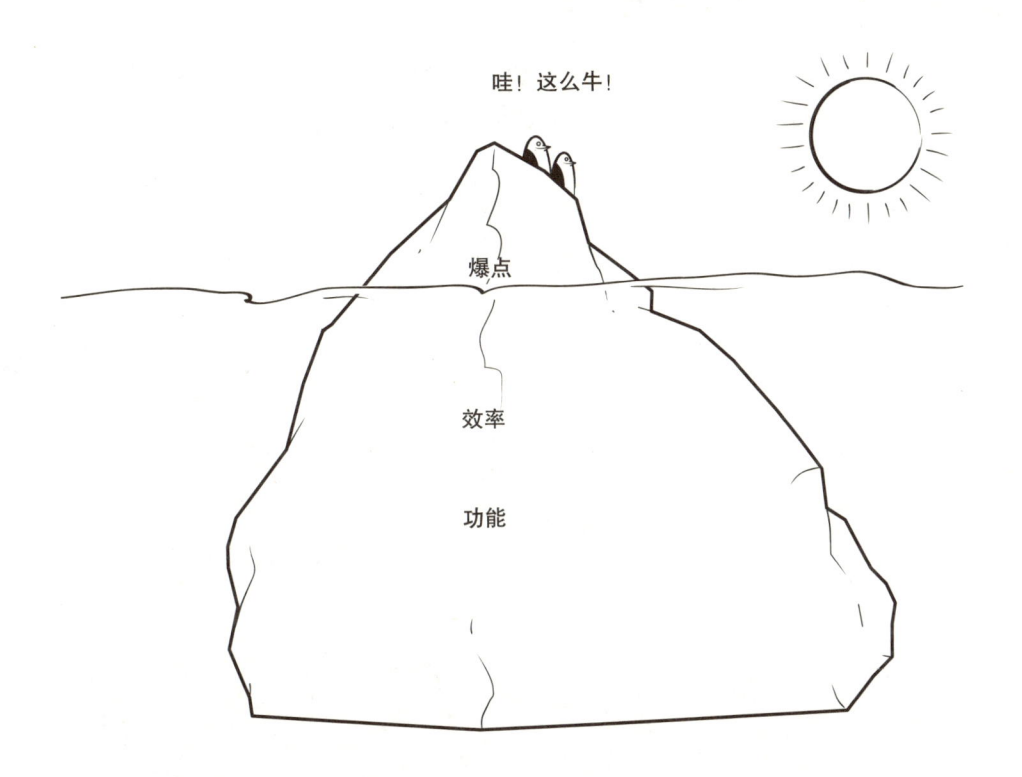

爆点

效率

功能

### 创新，而不是模仿

爆点是不断创新的结果。产品的爆点需要被发明或发掘，它是独一无二的卖点，也是让客户买单最强有力的理由。为了制造爆点，你需要不断追求完美，永不满足。你可能会因为在脑海中不断地探寻解决客户痛点的最佳方案而夜不能寐。没有爆点，你的产品仅仅是一件商品而已，总是最先受到价格战的冲击，在弱肉强食的市场机制中艰难求生。有了爆点，你的竞争力将会大幅提升。爆点能够激活缓慢而又沉闷的市场（想想苹果手机如何推动智能手机产业的变革）或帮助你从众多同类产品中脱颖而出（例如 Zara，它在市场中总能走在时尚前列，同时保持合理的价格）。

练习

## 你的客户的需求金字塔

将客户的需求转化成产品的爆点。你的产品的哪部分内容使其能够从其他同类产品中脱颖而出？客户需求的层次划分是基于功能、效率和爆点三部分。

**我的产品爆点**

提示：会飞的汽车。

哇！这么牛！

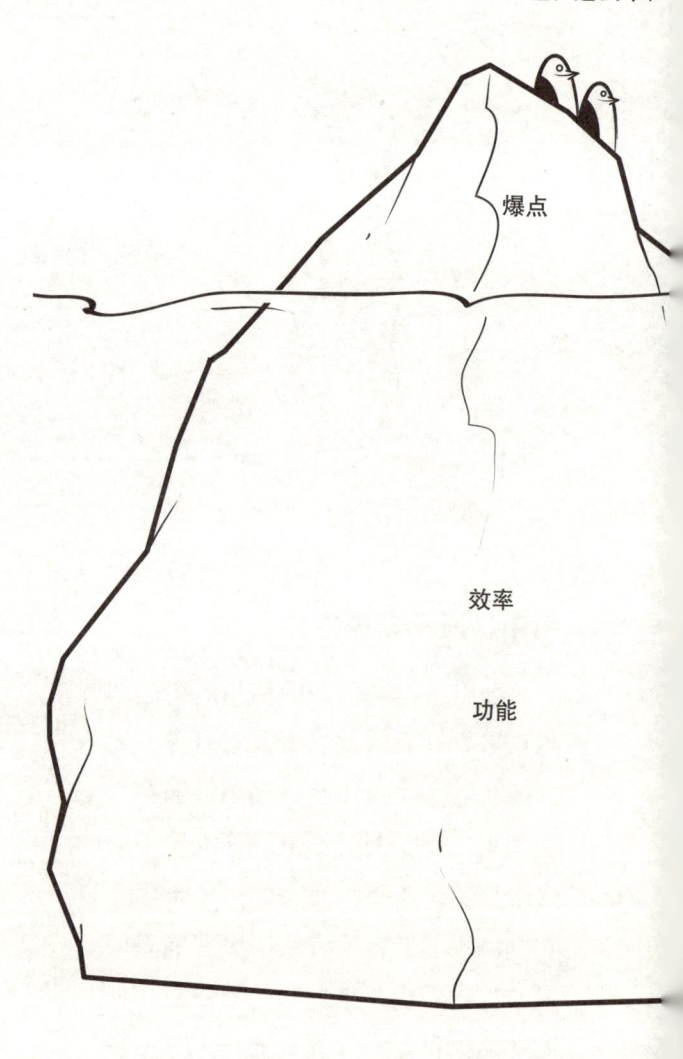

爆点

效率

功能

28

**我的产品效率**

提示：一加仑的油能跑的公里数

**我的产品功能**

提示：这辆车能载着我从 A 地前往 B 地

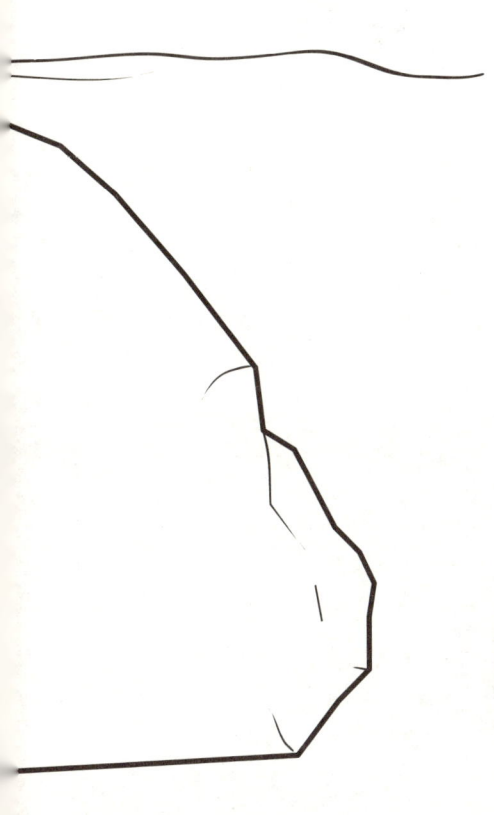

> **注意**：你需要产品功能和产品效率来创造产品爆点。**提示**：马斯洛需求层次理论。

## 但是如何制造爆点呢

首先记住，你若不能站在客户的角度，你就不能卖给他们产品。20世纪80年代，哈雷-戴维森就面临着来自日本摩托车制造商的激烈竞争。公司受到误导，盲目决定要跟随潮流，于是决定效仿日本制造商的方法，开始生产高质量的、之前错过的各种型号和颜色的摩托车。种种努力最后却以悲剧收场，公司不得不经历重组。究竟发生了什么事？问题就在于哈雷-戴维森并没有找好产品的爆点。当董事会和管理层重组后，他们恍然大悟。他们意识到，哈雷-戴维森不是销售摩托车，而是在销售一种生活方式。客户并不一定非得过着地狱天使一般的生活。正如哈雷-戴维森公司高管的一句名言："我们有能力让43岁的会计师穿上黑色皮衣在小镇中骑行穿梭时，让人感到畏惧，而我们销售的还是这种能力。"当公司意识到这就是他们产品的爆点时，他们便不再回头了。

当你成功找到客户的痛点并感到自己能够完全理解他们的需求时，你就可以开始研究解决方案。不能受现有的解决方案的束缚，要创造出一些你愿意使用的新东西、一款简单实用的产品，要领会客户接下来可能还没说出口的想法。如果你让你的产品有爆点，那么客户将在使用产品时体验到一个又一个惊喜。他们仿佛感受到你的产品能预知他们的需求。他们会觉得你的产品让他们尝试了以前从未有过的体验。这些都能使客户在使用产品时感到愉悦，他们会爱上你的产品的。

然而，正如你所了解的，你要确保你创造出的产品爆点是独一无二的。模仿他人的做法确实是比较容易，但如果这样的话，那凭什么让客户选择你的产品而不是其他人的产品？同样重要的另一点内容是，你要确保你制造出的爆点难以被效仿。因为一旦你的竞争对手弄清楚如何"山寨"你的产品时，你独特的爆点就会沦落为常见的功能。沃尔沃公司就经历了惨痛的教训。

那时候，大多数汽车制造商都没有把超高安全性作为最高的优先级时，沃尔沃公司就决定自己产品的爆点就是汽车的安全性。这在短期看是没问题的，如果你想买一辆可靠的家庭用车，能够在车祸中保护自己的孩子免受伤害，你会买沃尔沃。然而时至今日，汽车的安全性已经不再是一个辨识度高的因素了，因为大多数汽车制造商生产的汽车都具有标准的安全措施。结果，沃尔沃曾经的产品爆点——安全性——就变成了一项基本功能。

一个独有的辨识度高的产品爆点能够带给你持续的竞争优势。为了获得这种优势——为了超出基本功能和效率，成功开发出产品爆点——你得愿意成为领军者。回答下面的问题，看看你是否已经为这一质的飞跃做好准备了。

在追求基本功能和效率阶段，你是如何解决客户的痛点的？

- 你是否已经越过功能和效率阶段，为你的客户制造了惊喜？
- 你是否已经在竞争中占据了领先地位，是否已经改变了游戏规则？
- 你是如何保证你的产品爆点简单明了，以让你的客户可以介绍给自己的亲戚朋友？

如果你发现你的产品的爆点还没有开发出来，你需要回头继续研究解决客户痛点的方法。没做好这一步就往前走是没意义的。

## 爆点的划分

你已经领先其他竞争者多远了？你是否已经改变了行业的游戏规则？你的创新是否已经越过了功能和效率阶段？

**解释下为何其他人做不到这一点：**

提示：非凡的产品设计和易用性技巧。

注意！要诚实！你产品的爆点够独特吗？不要把爆点和基本功能搞混。

爆点

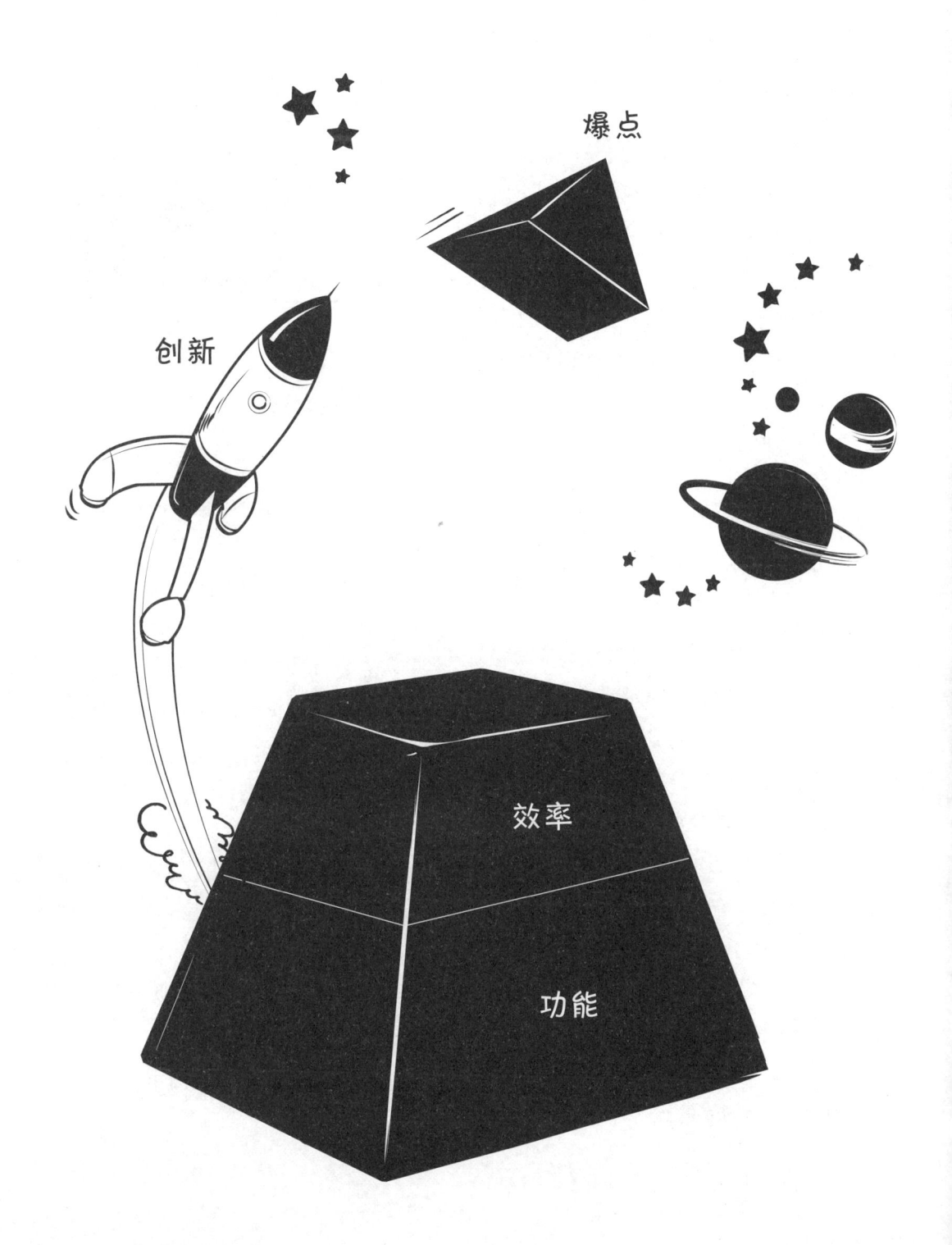

创新

效率

功能

## 讲故事的力量

**客户喜欢分享他们的惊喜。**

当客户购买了一件产品后,他们喜欢和朋友聊自己的产品体验,喜欢什么,不喜欢什么。这些朋友会仔细听——不像他们对待销售人员的反应——他们完全相信他们听到的内容。既然如此,你的客户会怎么描述你的产品?他们会说什么样的故事?你如何将他们的故事中最引人注目的部分转化成你在销售和市场活动中所讲的内容?

## 讲述流畅的故事

你只有三十秒的时间让一个陌生人记住你的产品。准备好了吗?开始!时间并不长,对吧?但这是你抓住他们的注意力并让他们说"给我多讲一点"所能用的时间。人们喜欢听真实有趣而又新鲜的故事。一个好故事不仅仅要信息量大,还要有感染力。你要牢牢记住,你所讲的故事不仅仅关乎你的产品,还要给你的客户制造惊喜。创造好故事的过程,我们称之为讲述流畅的故事。

## 令人惊喜的故事

事实上,大多数的故事是很无聊的,容易被遗忘也不值得再听一遍。由于客户都是普通人,并且都是独立的个体,没有一个故事能对所有人都有吸引力。这就是你需要准备好几个关于产品爆点的故事的原因。永远不要编造故事。如果你成功地传达了产品爆点,你所创造出来的流畅的故事将被无数人口口相传。

现在开始用不同的故事线来草拟两个故事,下面这些故事线或许能带给你一些灵感。

- "我的产品正和一个又大又丑的敌人搏斗。"
- "理查德·布兰森在跳伞时用了我家产品!"

- "拉里埃·里森喜欢我家产品！而比尔·盖茨却讨厌它。"
- "布拉德·皮特和哈利·贝瑞一人买了一个！"
- "它能够有效缓解全球变暖。"

接下来，试着跟你的爱人或者你的父亲母亲讲一下这个故事。之后，再给你的朋友们讲一下，然后再去给陌生人讲。最后将这些故事分享给在你的生活中总是跟你唱反调的人。

有没有人相信了你讲的两个或者至少一个故事呢？如果没人相信，是什么导致他们拒绝接受这些故事呢？问题出在哪里？有没有人喜欢其中一个故事胜过另一个？如果有，是什么使这个故事更有吸引力？他们是否愿意将其中一个故事分享给他的朋友？如果不愿意，问问他们要对故事做出怎样的改动才能使故事更吸引人，你应当基于他们的反馈重写这些故事。你的目的是使故事非常合理，这样你就可以把故事分享给潜在客户，你的现有客户也可以将这些故事分享给他们的朋友。写出人们愿意分享的故事之前，不要停止改写你的故事。

## 你有产品宣传者吗

一旦你润色好并准备好讲一个流畅的故事，你怎样衡量这些故事是否奏效？一种简单的方法就是使用净推荐值，这是弗雷德莱克哈德和罗伯马基在他们的《终极问题2.0：网络推广公司是如何在消费者导向世界中逐渐兴盛的》(*The Ultimate Question* 2.0: *How Net panies Thrit in Customer-Drien World*) 中提到的一种度量标准。净推荐值能帮助你了解到你的客户对产品的感受。让他们在0—10之间打分来表示他们将某产品推荐给朋友同事的推荐指数。那些给分小于等于6分的客户不喜欢你的产品，将会成为贬低你的产品的人。那些给7分或8分的客户可能保持中立。那些给9分或10分的客户则对你的产品感到非常满意，他们会成为你的产品宣传者。从宣传者中减去贬低者，你将得到你的净推荐值。如果是个正数的话，那你就成功地创造了你的产品爆点。

**如果你让客户感到惊喜，他们将会为你宣传并销售你的产品。**

一旦你有了自己的产品爆点，对此感到满意的客户将成为你的义务市场营销团队，他们会向所有的朋友推荐你的产品。由于他们的推广，你的产品从根本上就有了自动销售的能力了。在这种情况下，是你的研发团队而不是销售团队推动了大块的销售增长。如果你还没有成功创造出产品爆点，你最好还是多雇一些厉害的销售人员，你会需要他们的。

**底线**

- 如果你的产品只能保证功能性和有效性，你就需要雇用大量的销售人员来获取更多客户。
- 如果你有了产品爆点，你的研发团队所做的所有事情都会考虑到销售，你的客户也会成为你的营销人员。

# 哇！你的客户愿意分享的故事

你只有三十秒的时间让一个陌生人记住你的产品。

### 你想让客户分享的关于你的解决方案的故事

提示：Dropbox 是我知道的与同事分享文件的最简单的方式。

**你的客户将如何为你的故事造势?**

提示:当他们需要在网上分享大文件时,他会发送邀请。

练习

## 开发一个流畅的故事

一个好的故事不仅仅是信息量大，而且具有感染力。记住：故事不仅仅与你的产品有关，也和你的客户喜好有关。创造一个好故事的过程就是我们所说的讲述流畅的故事。

**你如何开发一个流畅的故事？**

提示：公司和所有客户都给你讲同样的故事：巴塔哥尼亚。

**注意！** 不要仅仅是讲故事，要站在客户的角度，聆听他们的故事，这会帮助你开发出一个流畅的故事。

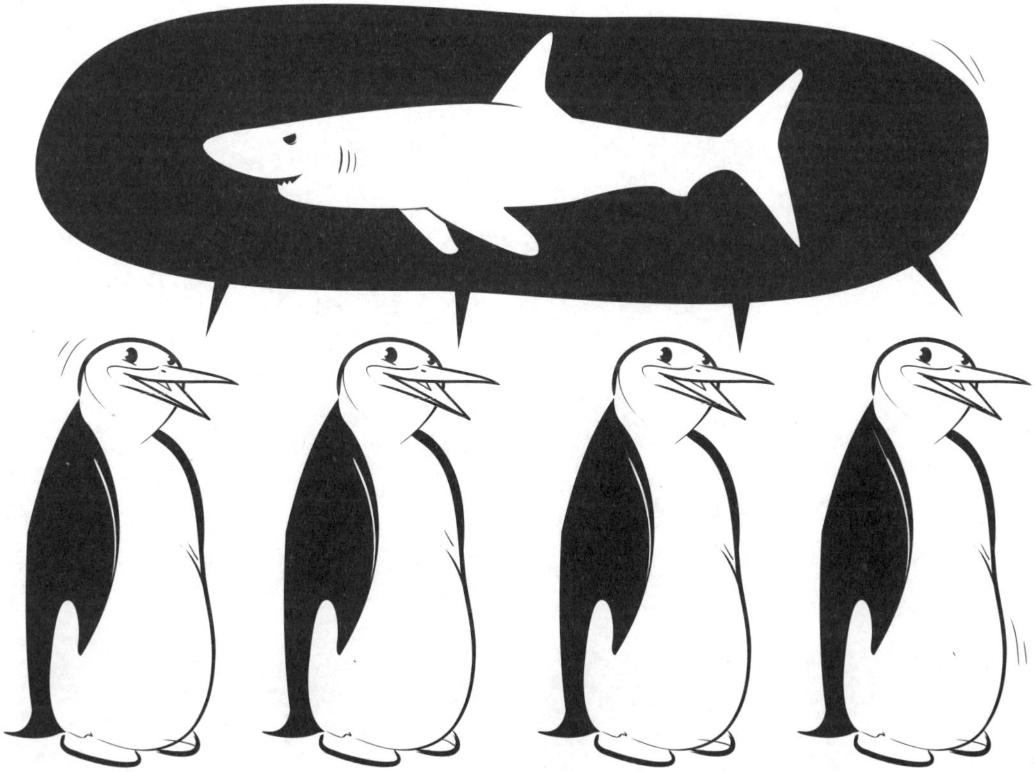

练习

## **客户的想法**

为什么你的客户非要买这个？多想一步！

**还有什么他们没说出口的重要需求吗?**

提示：我们销售的是骑行在小镇并让人畏惧的能力——哈雷-戴维森。

亡命之徒
（提示）

男子汉大丈夫
（提示）

炫耀
（提示）

归属感
（提示）

**尝试测量你的产品爆点**

提示：净推荐值，请你的客户用0-10打分：你有多大可能会推荐"X"（指某个产品）给你的朋友或者同事？

40

## 本章小结——产品爆点

没有爆点，你的产品只是成千上万件容易被遗忘的产品中的一件。有了爆点，完全陌生的人也将有可能对它"一见钟情"。人们通过讲故事来传播你的产品爆点。如果你能发掘或创造一堆流畅的产品故事，你的客户、投资人、渠道合作伙伴甚至竞争对手也会传颂。如果你还不确定你的产品爆点和流畅的故事，你就先不要继续往前走。如果对下列问题你的回答都是"否"的话，你需要为你的客户重新构造一个故事，直到他们感到惊喜并开始传播这个故事为止。

**需要回答的问题有：**

1. 你了解客户的需求金字塔吗？
2. 你是否有一个产品爆点，能够让你的产品远远领先于其他竞争对手？
3. 你是否已经准备好了一系列流畅的故事？
4. 你的客户是否已经在分享这些故事了？换句话说，你是不是已经开始为产品造势了？
5. 你在测量你的产品爆点了吗？

**同步你的"齿轮"，同步产品爆点**

要确定你为解决客户"痛点"开发的"止痛剂"就是你的产品"爆点"。你的客户开始可能不大明白这个，你可能需要教育你的客户并向他们展示如何使用你的产品。

**记住**

产品爆点依靠创新，而不是模仿。

# 第 3 章

# 客户获取

商业中最关键的部分:你怎样获取更多的客户

电话营销

潜在客户

达成交易

每天早晨，在你起床之前，思考下面的问题应该是你的必修课：你该如何留住现有客户并吸引新的客户。实质上，创业的每一天都是围绕着客户的战斗。绝对不要设想昨天的客户今天早晨依然是你的客户。既然你全部收入都源于销售，那么，没有客户也就意味着没有利润，如果是这样，那么一切也就失去了意义。

作为企业成长的关键因素——关注客户的获取是不可或缺的。为了成功地获取客户，你首先应该明白什么是"消费频率"（frequency in sales），并要在它和另外两个同等重要的因素——产品爆点和利润之间取得平衡。

客户获取是销售的全部。销售确实很难，但是它并没有复杂到非得到大学里学才能掌握。对于销售人员而言，有些人将销售看成被诅咒的职业，有些人则看成是极好的职业。但是，每一个企业都要有客户，而销售则是唯一能够获取客户的途径。事实上，销售经常被低估，正如一些公司会天真地以为客户会魔法般地自动出现。我们之所以要在销售中谈到"消费频率"，是因为它表示你接触过多少客户，他们之中会有多少人聆听你要传递的信息继而选择购买你的产品，最后又会有多少客户会对你的产品保持忠诚度。

无论你销售的是什么——是移动运营商的预付款电话卡，还是管理咨询服务，你都要找到一种销售途径——增加产品爆点，并实现低成本运营。

一个公司总想要找到一种方法，既能获取大量的客户，又不会被别人模仿，而要做到这点，在市场推广和销售中其实有很多需要注意的秘诀，但是有一点是可以确定的：在你让客户点头之前，你会被无数次地拒绝。

### 销售：一个数字游戏

在销售过程中，也许你要敲100次门，但也许只有10个潜在的客户会给你开门，并听听你要推销的内容。在此之后，也许这10个潜在客户中只有1个人会购买你的产品。但是，如果你要增加接触的频率敲200扇门呢？也许你就会获得两倍的交易量。道理显而易见，你接触的客户越多，那么你做成一笔生意的可能性就越大。

这时候，你们当中有些人可能会

想:"你说得非常对,但是我做的是个互联网企业,所以,销售对我们而言是不同的。我根本不需要去搜寻客户。我要做的,就是把产品放到网上,然后客户就会自动上门。"绝对错误!基于互联网的产品也是需要"消费频率"的。你或许不需要敲开现实中存在的门,但是你仍然需要通过论坛和博客上的促销、通过产品目录和移动端广告等手段来吸引新的客户。你的潜在客户在你的网站上浏览的时间越长,你的网站被收藏的比例越高,他们就越有可能成为购买的客户。

非常好!现在让我们看一下你会如何去具体实施!

**管道模型**

获取客户的过程其实可以看成一个管道传递的过程。第一步就是识别你的潜在客户:谁是最想购买你的产品的人,哪些是你应该首先接触的人。你将潜在客户定义得越精确,你就越容易在管道中将潜在客户转化为实际购买者,但这不是全部。细分潜在客户,能够增加他们成为实际购买者的可能性,从而缩短你的管道传递的长度,也会降低你获取客户的成本。因此,你需要仔细思考和调查如何去细分潜在客户。

练习

## 客户获取

众所周知，企业全部收入源于销售，没有客户也就意味着没有利润，如果是这样，那么一切也就失去了意义。所以，企业必须关注如何获取客户，因为获取客户是企业成长的关键因素。

**销售就是数字游戏。**

**下个月你准备增加多少客户？**

提示：10个。

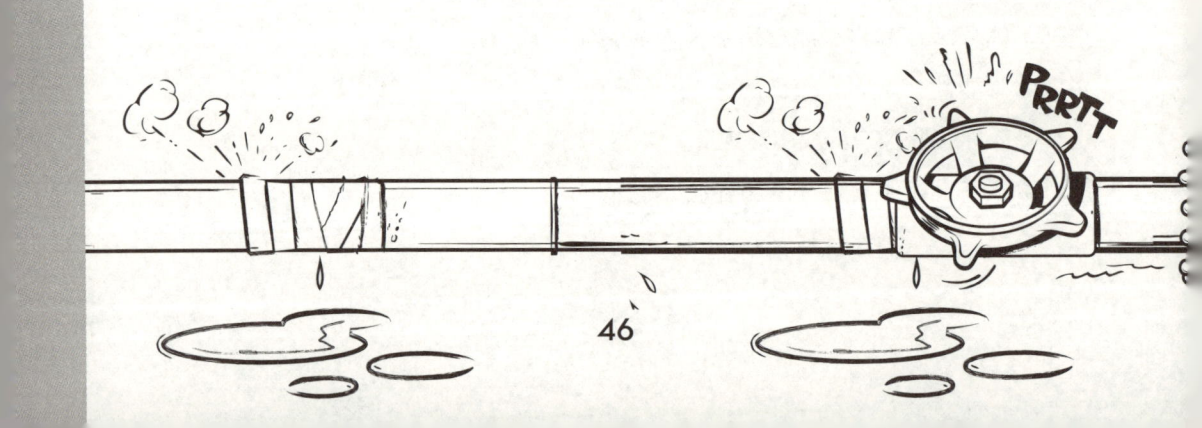

**接下来的六个月，你计划增加多少客户？**

提示：100 个。

> 注意！销售的目标是提高消费频率，你产品的消费频率怎么样？

**接下来的六个月，你会有多少客户？**

启示：我现在有 150 个客户，我准备半年之内增加 100 个客户，但是估计会流失 50 个客户，所以我会有 200 个客户。

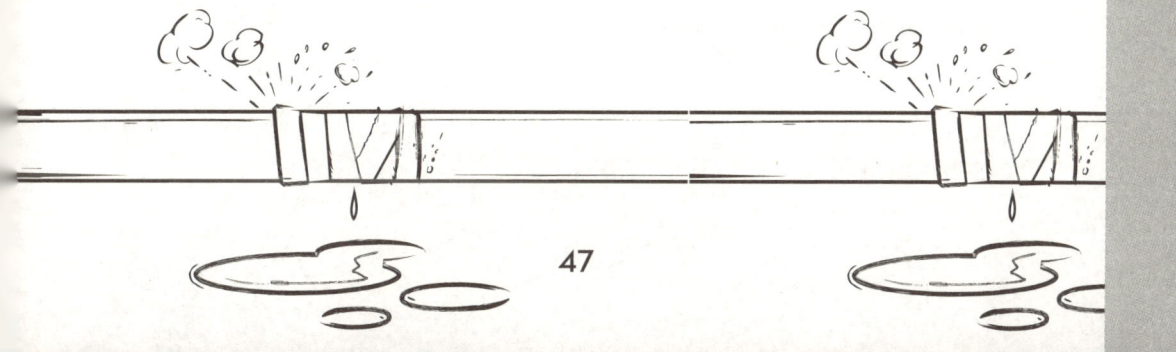

### 产品爆点是你管道传递的一部分

在你识别你产品的潜在客户之后，你需要接触他们，促成和他们的第一次会面，并想方设法让他们相信你有针对他们的痛点的解决方案。换言之，就是必须说明你的产品具有"爆点"——这是吸引客户的最好办法。但考虑到很多产品爆点得通过人的介绍才能展示出来，你就必须十分注意你的销售说辞。仔细思考你怎样才能在任何情境下（甚至是在拥挤喧闹的场合）在30秒内介绍你的产品。然后，再次审视你的定位！如果你的产品拥有很多功能，那么你最想先提起哪一项？

将潜在客户转化成实际购买者的过程并非毫无障碍。在销售过程中，会有一些不愿意继续跟你交谈的客户，这对于一些产品而言，它们的管道传递将会很长。或许你不得不和你的潜在客户建立信任，或许那些潜在客户对你提供的产品并没有急迫的需求，又或者你的内部的销售周期速度太慢，总之，每个管道传递的过程都是不同的。

### 修补漏洞

尽早观察进入你的销售管道的潜在客户。你每月能够获取多少个潜在客户？在这些人中，有多少人会立即流失？有多少人在你跟他们第一次接触后还是你的客户？需要通过多少次的接触才能将他们转化为实际购买者？一旦你认识到你的潜在客户是怎样进入和流失的，你就能慢慢调整你的系统去修补漏洞。

注意，不要停在这里！仅仅发现潜在客户是怎样汇集和流失是远远不够的。在与客户和合作伙伴打交道的过程中，你不可避免地会犯错误，会不断调整这里或那里，甚至是重新开始，唯有这样，你才能创造出一个任何竞争对手都不可能模仿的系统（有秘诀才是安全的）。通过不断努力，你一定能够达到这个目标。你多长时间和客户见一次面，在哪里见面，你怎样和他们阐述你的产品爆点？一切都取决于你！

### 让用户惊喜是王道

追求消费频率意味着你需要不断寻找客户，不断与他们打交道，并说服他们购买你的产品。如果你已经创造出了产品爆点，或许你就不需要敲开客户的大门，反而他们会敲开你的大门，请求你卖给他们产品。这会有以下三种结果。

第一，产品爆点将会减少客户流失。被产品惊爆的客户更容易成为企业的忠诚客户。

第二，被产品惊爆的客户会增加购买频率并降低你的销售成本。那些喜欢你产品的客户会自愿为你的产品做营销，成为你的销售团队并通过故事传播促销你的产品。你无须为此付出任何成本，由此产生的销售额就会累积到常规销售之上，所以，你坐着就能看到你的利润不断增长。

第三，被产品惊爆的客户的反馈会揭示你的产品研发努力是否有效。你跟客户的交流越多，消费频率也就高，那么你就越能从中发现如何增加你的产品爆点。如果你能深入地听取客户的反馈，并不断完善自己的产品，你也会在未来的竞争中脱颖而出。

## 销售是团队努力的结果

为了得到产品爆点，你公司中负责消费频率的团队需要与产品研发部门保持同步，反过来也需要与消费者保持同步。所以，如何精心地安排整个交互的过程将成为你们核心小组的重要任务。负责消费频率的团队能在多大程度上有效地帮助产品开发团队创造产品爆点？为了测量负责消费频率的团队的有效性，你可以邀请客户针对他们和公司里其他人的交互情况进行评分：包括你、其他的核心团队成员、销售人员甚至开发人员。确认你的客户是否对消费体验满意，以及他们是否会将这些体验告诉他们的朋友和同事。

## 达成交易

在传统观点里，销售就是以打开消费者钱包为目的的战斗，在整个过程中，销售人员可以使用在书中提到的各种技巧达成交易，这是所有销售人员最激动的时刻。此时，销售人员就认为自己已经完成了任务，接下来就轮到产品团队交付产品，财务团队出具发票，客户售后支持团队回答问题了。对他们而言，是时候继续开发新客户了。但是，销售的各个环节并不相互冲突，它们应该是解决客户的问题。因为客户在（合同）签字栏上签字，就代表着企业与客户长期关系的开端，所以你不应该停止销售。销售的功能不仅仅是获取客户，它也起到保留客户的作用。

## 潜在客户

你越能准确地定义出潜在客户，你就越容易在管道中引导他们，并将他们转化为实际购买者。

**从哪里找到你产品的潜在客户？如果存在的话，你需要哪些代价去得到这些潜在客户？列出能够找到潜在客户的不同方式。**

提示：产品推荐、社区、细分客户名单、谷歌广告等方式。

**在第一次接触之后，你会立刻丧失多少潜在客户？**

提示：对于电子商务网页而言，80%的浏览者都会选择直接离开。

## 沿着你的管道继续前进

在识别你产品的潜在客户之后,你需要接触并想方设法让他们相信你有针对他们需求的解决方案。换言之,就是你必须说明你的产品具有爆点——这是吸引客户的最好办法。

**为了提高产品的卖点,你能做些什么?**

提示:我们卖的是……

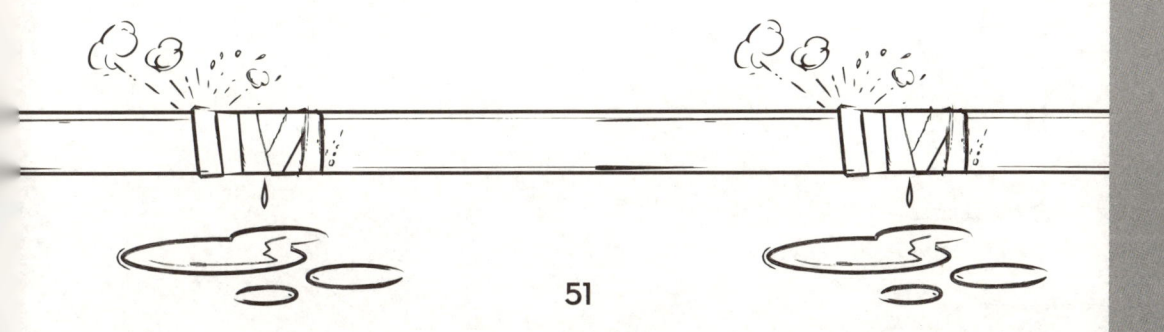

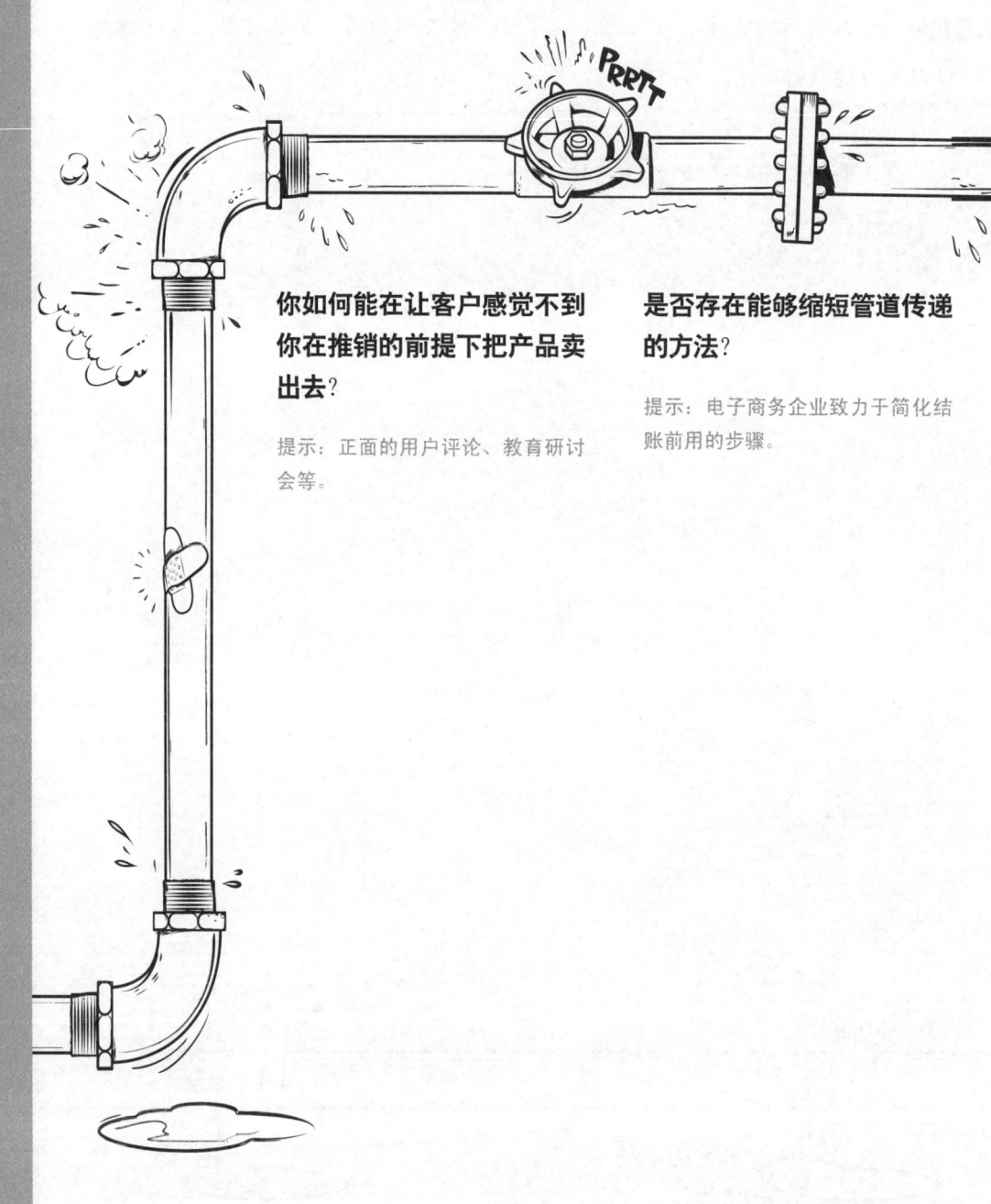

**你如何能在让客户感觉不到你在推销的前提下把产品卖出去?**

提示:正面的用户评论、教育研讨会等。

**是否存在能够缩短管道传递的方法?**

提示:电子商务企业致力于简化结账前用的步骤。

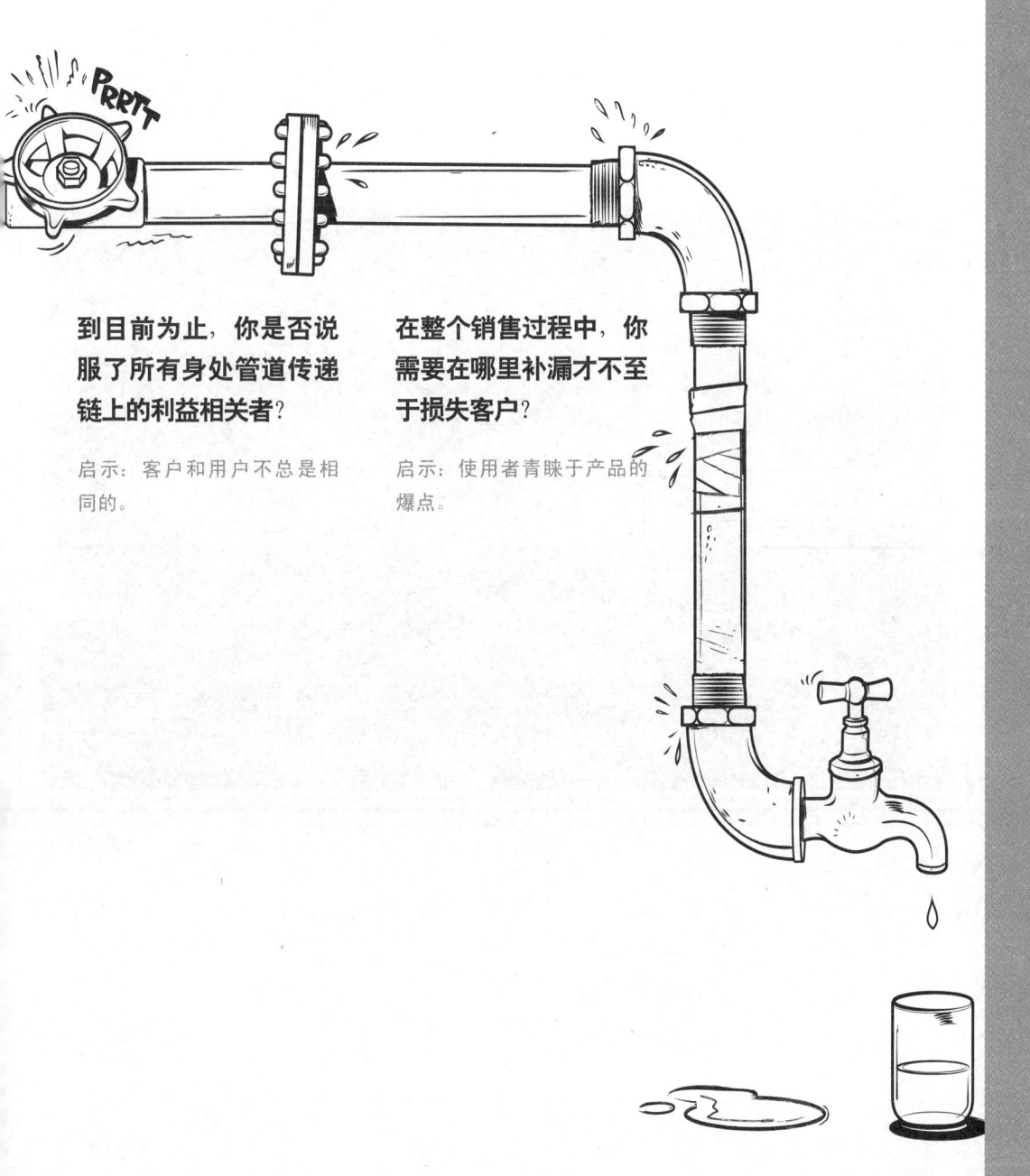

到目前为止，你是否说服了所有身处管道传递链上的利益相关者？

启示：客户和用户不总是相同的。

在整个销售过程中，你需要在哪里补漏才不至于损失客户？

启示：使用者青睐于产品的爆点。

价格

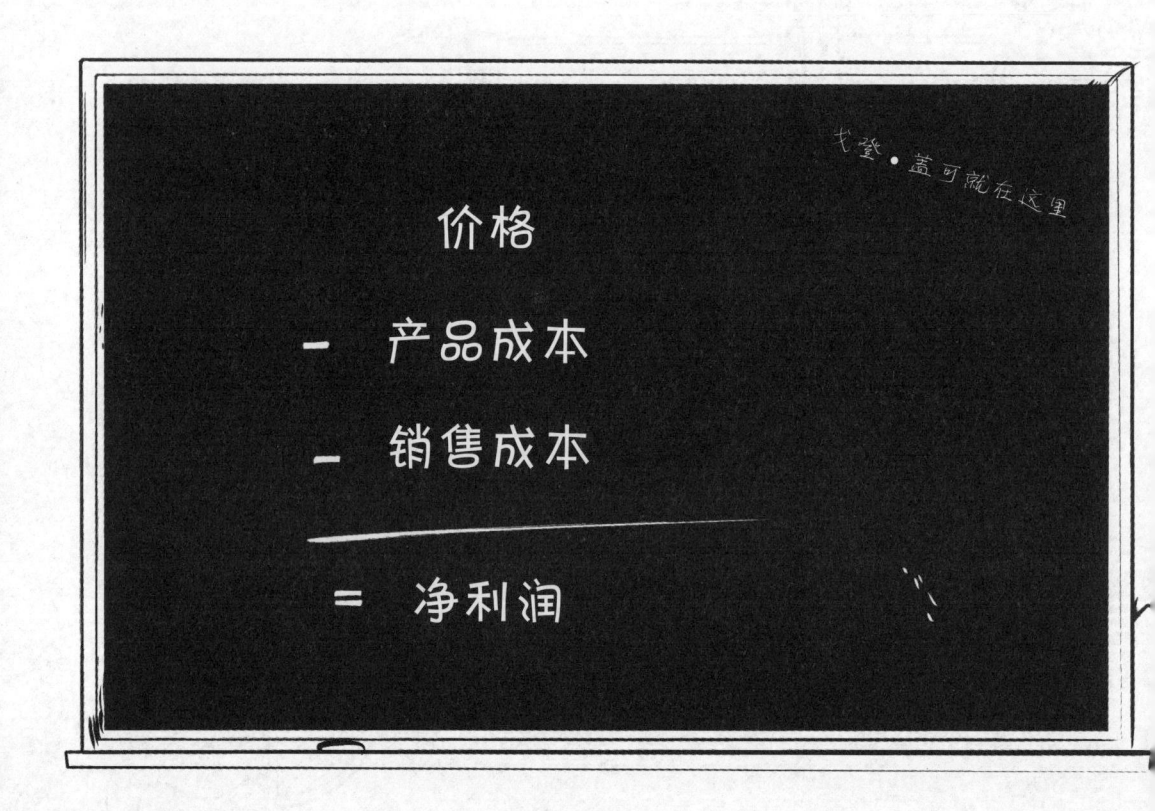

－ 产品成本

－ 销售成本

＝ 净利润

戈登·盖可就在这里

## 利润

为了准确地评估在客户获取过程中利润的作用,你必须考虑以下三个问题:首先,你获取一个新客户的成本是什么?其次,在新客户试用你的产品之后,有多少客户会流失(这就是众所周知的客户流失率或者叫流动率)?最后,你的典型客户的可预期的终生价值是什么?换言之,就是平均每个购买者会购买你多少产品?包括购买附加产品、重复购买和支付额外几个月的服务费用。

## 成本

你必须了解,随着你的业务增长,你的销售成本是多少。你需要评估新增加一个客户会对你的利润增长有多大影响。试着问自己这个问题:你从每一个新客户身上获取的收益会大于你获取他们的成本吗?

首先,你需要计算出客户获取的总成本,包括投入在销售、市场和广告宣传活动上的费用(不同的业务在销售和市场上有不同的支出需求,你要确保自己的每一分钱都花在刀刃上)。

## 客户流失率

下一步,你需要识别出你的客户流失率是多少。其实,留住已有的客户跟获取一个新客户同样重要。试想,如果你的客户流失率和你的客户增长率持平,那么你的收入将不会有任何变化。而如果你拥有一个强大的客户获取团队,那么你将拥有很多的忠诚客户,并实现销售收入的显著增长。

## 客户终生价值

最后,你需要计算出你的客户的终生价值。其实这个过程很简单,你只需要估计出,随着时间推移,你的客户将会对你的收益作出多大的贡献。这个时候,你就需要保证你的客户终生价值要大于你的客户获取总成本了(而且,你还需要明白一点:当总成本非常大的时候,就到了你拓展业务的时间了)。如果你的客户终生价值远远低于客户获取总成本,这个时候你就要倍加小心了。更糟糕的是,如果你觉得根本没有希望使客户终生价值高于获取总成本,那么你就有麻烦了。

确保你能够使用适当的方法去记录数据(开始的时候,你并不需要使用多高级的软件，简单的 Excel 表格就足够了）。你需要记录的数据包括在什么时间、谁将什么产品销售出去、售价多少等。这些数据将会在你扩展业务时大有用处。你需要思考并确定如何使你和你的团队在客户获取成本最小化上更有效率。通过怎样的改变，才能够在降低获取成本和增加客户终生价值上超越你的竞争对手。

## 创造一个独特的销售模式

在传达产品爆点给客户的过程中，伟大的公司坚信有效的销售意味着收入和利润的最大化，因此他们会反复调整销售策略直到完美。通常，这些公司都会问自己："我们的目标市场是什么？我们如何获得潜在客户？潜在客户怎样才能转化为实际购买客户？"有大量的书籍、文章和工具会通过各式各样的方法帮助你创造出强大的销售文化，但你最终需要拥有一种独特的销售模式才能成功。你要知道，你的销售方法越独特，别人就越不容易模仿。而独特的销售模式之所以如此重要，是因为它是仅次于产品爆点能够让你保持市场份额的第二道防线。所以，即使你的竞争者能够在以后模仿你的产品爆点，但是如果他们想要超越你，还必须破译你独特的销售模式才可以。

在你冲去策划激动人心的全新的销售模式前，你需要确保：你已经了解了已有的销售模式，并且保留了你一直在做的正确的事情；你需要回想，自己在哪里找到了现有的客户并如何将他们融入你的销售模式；然后，列出一个清单用来记录你从哪些途径获取这些客户的；并识别出哪些是回报最多，哪些是能够最快获取客户的，哪些是让你获益最多的。现在，你是否从中看到能够为未来的销售战略带来启发的模式？未来有哪些潜在的问题？一旦你发现了获取现有客户的途径，那么获取更多的客户

将会变得简单。

现在，是时候创新了——千万不要模仿！积极寻找那些更新的、成本更低的能够传递你的产品爆点的方式。寻找那些能够让你通过诱人的产品可以更经常、更多找到客户的战略吧！创新地使用促销渠道以获得更多的客户，降低客户获取成本，并使你的销售模式更加独特。关注每一个细节，从第一次接触到交付产品、让客户惊喜以及重复购买。你怎样将流程上的细小变化快速变成销售商的巨大突破？在当今这个相互连接的世界中，无论是看起来很遥远还是微不足道的事情，都可能会对你产生显著的影响。一次媒体传播、一次简单的会面，甚至是Facebook上的一个帖子都会产生戏剧性的结果。所以，突破现有的战略，去思考能够通过细微的变化导致巨大回报的新流程吧！

安东尼奥·斯特拉迪瓦里（Antonio Stradivari）是17世纪中期到18世纪中期著名的乐器制造商，通过创新的方式制作出了世界上最好的小提琴。他制作小提琴的过程是如此特别，以至于目前仍没有人能够模仿。所以，当你在创造自己的销售模式时，可以试想着你正在制作你所能做出的最好乐器，同时提升消费频率和产品爆点。

**一个好的销售模式的范例**

宜家已经将消费频率发挥到极致，它不断调整自己的销售模式。你可以想象一下宜家商场里的销售人员，他们看起来像那种典型的、一意孤行地非得要拉你去他们商店，然后想方设法劝你要多买一个灯泡或者一张床的销售吗？绝对不是！尽管那些穿着黄色衬衫的友善的人员是宜家商场的销售员工，但是他们实际上并没有将东西"卖"给你。事实上，他们被告知一定不要那样做，而是静静地站在一边，等着你向他们寻求建议。最终，当你一切都准备妥当的时候，他们会帮助你挑选你需要的合适商品。宜家可以选择让那些销售恶霸来把守每一个通道，只要是不买东西的客户，就绝不允许他们通过，也许这样能够最大化他们的短期利润。相反，他们决定使用不同方式来实现消费频率。

任何一个在宜家消费过的人都会知道，在宜家的购物之旅不会很快结束。你明明知道自己要买什么东西，但无论是什么东西——餐巾纸或是电灯泡，或者其他什么东西，为了买到它，你都不得不走遍其他所有部门（是的，确实存在一些捷径，但还是……）。世界上所有的宜家商场都设计这样的路径。为什么？消费频率！当商品频繁地出现在消费者眼中时，会增加一种可能性，这种可能性就是消费者产生一种不可抑制的冲动——将那些他们计划之外的产品扔到自己的购物车里。

有多少能够到宜家买全他们购物清单上的东西然后离开的人？没有多少！大部分不能找到自己购物清单上所有东西的人，会改天再去宜家。这是因为宜家的库存管理很草率吗？当然不是！这只是他们独特销售模式的一部分。无论消费者在什么时候重返宜家，他们会再次经历冲动购物的诱惑，最后买的东西可能又比预想的多。

## 当产品爆点降低的时候，你增加消费频率了吗

公司通常会努力通过增加消费频率来增加销售额。于是，你经常会发现产品最终会越来越难卖出去。随着时间的推移，增加的消费频率会悄悄扩大公司的目标市场，并且产品之前的爆点却难再吸引新的客户，所以创造更多的会面机会，并努力地去说服这些客户去购买你的产品，都不再起作用。现在你需要做的就是倾听你的销售人员，他们会强烈要求调整产品以满足新客户的需求。

换言之，你需要有产品组合了！这通常会出现在公司从单一的、很小的市场飞跃到几个细分市场或者一个大众市场的时候。

所以，你现在需要做点什么？你没有必要放弃你初期最好的产品，它有自己的产品爆点、成功的销售模式和一批类型相同的客户，所以你可以继续把它卖出去。但是，你需要开发另一种更好的产品，它将拥有一个新的引爆点、不同的销售模式和一个改良的盈利计划，从而去扩大已有的客户群（请记住，每当你的客户变得多样化或者改变的时候，你都必须改变你设计消费频率的方法）。

面对这样的挑战，产品研发小组不应该孤军作战。由于销售人员与客

第 3 章　客户获取

户进行直接沟通，你会希望保持这个反馈路径持续畅通。然后，财会人员也会跟进，建议销售和产品开发团队要提高最初产品的价格，以抵消增加的日常开支。

针对公司的每一款产品，消费频率都需要与产品爆点、利润进行平衡。

没有这三者的有机整合，你的事业就会失败。想象一下三条腿的凳子，如果没了其中一条或者两条腿，凳子就会倾倒。如果你没能将三者有机整合，那么失败是不可避免的。所有，立即去做吧！

练习

## 销售中的创新

在传达产品爆点给客户的过程中,伟大的公司坚信有效的销售意味着收入和利润的最大化,因此他们会反复调整销售策略直到完美。

### 你独特的销售模式是什么?

提示:宜家通过独特的店面设计创造了一个特殊的销售模式。

注意:想一想如何使你和你的团队在客户获取成本最小化上更有效率?你能通过怎样的改变在降低获取成本和增加客户终生价值上,超越你的竞争对手?

**本章小结——客户获取**

客户获取实质上就是消费频率、产品爆点和利润。在力所能及的范围内敲开更多扇门，并找到一个降低销售成本的方法。仔细审视一下你的管道，确保你的产品让客户感到惊喜，从而让他们成为你的忠实客户，帮助你们推销产品并细分你的产品爆点。思考一下利润组成的三部分：成本、客户流失和客户终生价值。你是否创造了独特的销售模式？如果你的产品因为客户基础扩大而变得很难销售，那么考虑创建你的产品组合吧。确保每一个新产品都会有各自的爆点、独特的销售模式和盈利计划。

**需要回答的问题：**

1  你了解你的客户管道吗？

2  你的销售模式独特吗？

3  你知道如何最好地降低成本、减少客户流失和最大化客户终生价值了吗（指上述三者的有机平衡）？

4  你拥有的团队能否平衡每个产品的消费频率、产品爆点和利润？

5  同步你的"齿轮"，跟客户获取同步。

请记住，你的客户能够帮你销售产品。对你而言，最好的事情就是你能够将客户变成你销售队伍的一部分。

**记住**

通过销售中的创新，你能够达成更多交易。

# 第 4 章
# 商业模式

让付出得到回报

从创意到收益

啮合创业：在斯坦福学创业规划

每个人都需要商业模式。你竭尽全力地创造了产品爆点，现在，是时候将你的努力转化成现实收益了。但是你应该向谁收钱呢？你应该在什么时间、收多少钱呢？增加收入并尝试去玩好"零的博弈"——就是尽可能将你的各种成本降低至零。将你的商业机会转化为切实的数字，能够帮助你确定自己的商业想法是不是可持续的。因为数字不会撒谎，如果没有数字，你甚至不能确信自己是否取得了进展。

数字是评估商业机会的最有效途径。数字能提供可信的信息，如果你能看懂数字，那你就完全能够理解你的业务状况。从中你可以看到：你是否实现了目标？你是否找到了影响目标实现的因素？这本书其他章节提到的所有建议都应该在商业模式中得到量化。如果你没有做到计划中的事情，那么，是时候转变你的方法了。

让我们先从零的博弈开始，再去回顾其他基本的知识。如果你已经拥有财务方向的 MBA 学位，你可以直接跳到本章节的第二个部分继续阅读。出于同样的原因，你拥有管理硕士的学位，也说明你可能实际上还没卖过任何商品。如果是这样，我们建议你重新读一遍"客户获取"那一章节。

## 零的博弈

成本是不可避免的，但是你可以消除其中的一部分！这听起来似乎有点难以置信，但是将成本降低至零——并不是仅仅将它们降低 10% 或者其他的比例，是一个很重要的战略。而且，在这个过程中，你能做得更具有创造性，效果更好。用"零"代替那些你成本列中的数字，这意味着你增加了创建一家能够改变世界的公司的可能性。

你需要认真审视电子表格上的所有成本项：每一项成本都创造了客户价值和带给客户惊喜的产品吗？如果没有，为什么还需要这种成本？直接把它减为零吧！对于那些仅仅因为竞争对手认为不可消除、你就觉得不可消除的成本，你要特别看一看。你怎样将现有的成本转化成收益？如果你这么做了，你的客户会作何反应？零的博弈其实就是你准确认识客户痛点的过程，所以你一定要确保自己已经准确找到了客户的痛点。

## 一个关于零的博弈的范例

有些公司已经成功地将某些成本降至零。你需要创造性才能做到那个程度，但是你在成本列中创造出的每一个零，将会增加你改变游戏规则的可能性。

宜家是一家将零的博弈玩转得得心应手的公司。这家公司改变了家具销售的传统模式，例如，他们将家居组装的工作从生产商手中转移到了客户手中，如此一来，宜家将他们报表上的组装成本消除了，而客户也能以较低的价格买到他们喜欢的家具。除此之外，宜家的这项改变还降低了商店的运输成本，因为没有组装的家具比已经组装起来的家具更方便打包。宜家并没有就此止步不前，他们又使用让客户直接在仓库中挑选产品的方式降低了管理成本。宜家通过创新性地降低价格让客户感到惊喜。

Skype 是另一家成功玩转零的博弈的公司，免费的电话服务就是他们的产品爆点。这家公司报表上很多成本项是零。如果你能很好地玩转零的博弈，那么你将改变整个行业的游戏规则。因此，你可以去检查你报表中的所有成本项，看看你的客户是否真的需要每个成本项，或者这根本就是你自己臆测的结果，想想你应该怎样做才能在创造产品爆点的同时把成本降为零呢？

瑞安航空和西南航空公司也通过创新消除了很多成本，他们也因此改变了整个航空产业的游戏规则。例如，他们通过支付赞助的方式，在靠近主要城市的小型机场降落，而不是付费给那些大型机场取得着陆权。此外，瑞安航空还将处理行李的成本，通过收取客户托运行李费用转化成了一种收入来源。他们这样做的灵感是来自对公交公司所提供服务的观察。因为他们意识到，两种运输模式之间的唯一明显区别是：航空比公交运输速度更快。我们可以从中学到：如果你想挑战现有的行业结构和商业模式，可以观察一下你行业之外的其他公司。商业模式的创新与产品爆点的创新同等重要。

练习

## 你的零成本在哪里

成本是不可避免的，但是你可以消除其中的一部分！将成本降低至零——并不是仅仅将它们降低 10% 或者其他的比例，是非常重要。

**描述一下你的零成本项。**

提示：宜家通过挑战家具销售的传统模式改变了行业规则，他们消除了家具组装成本，客户也能够以更低的成本买到家具。

**哪些部分可以产生零成本?**

提示：宜家将家居组装的工作从生产商手中转移到了客户手中。

### 从哪里获取相应资源？

提示：宜家之所以能够将运输费用降低80%，是因为运输没有组装的家具比运输已经组装完整的家具更好打包。

### 为什么能够成功？

提示：宜家通过创新性地降低价格给客户带来了惊喜。

**请注意！** 如果你已经拥有了自己的公司，那么你怎样才能将成本降低90%却又不丧失产品的爆点呢？为了达到这个目的，你必须尝试一些以前没有尝试过的事情。

## 客户将为你的产品支付多少

你可以使用以下两种方法来定价。

**第一，成本导向定价法。** 如果你要使用这种方法，你需要计算出你在研发、制造和销售环节上会产生多少成本。然后，在这些成本上累加一部分用以覆盖其他方面的成本及增加你的利润，最后据此来定价。你希望你的价格能跟那些与你类似的、采用相同定价方法的公司保持一致，这是一种传统的并被广为接受的方法。成本导向定价法让客户和竞争者非常容易去做比较。在 B2B 的商业环境下，客户尤其可能会挑战你的利润率。不管你多么谨慎地去保密，客户最终也会知道你的利润率是多少。

**第二，价值导向定价法。** 采用这种定价方法制定的价格只取决于你认为自己的产品对于客户来说有多少价值。你的这种评估跟你研发、制造和销售成本没有任何关系。

如果你解决了客户的痛点，成功地创造出了产品爆点，并在竞争中脱颖而出，那么你就应该使用价值导向定价法。如果你最后采用了成本导向定价法，那么无论你的边际利润是多少，你都会被它所决定的价格限定住。一定记住，你听见别人说过多少次这样的话："我本以为要付更多呢！"所以说，低价不一定是正确的策略。

然而，很多公司甚至不敢尝试价值导向定价法。如果你提供的是没有任何清晰产品爆点的标准化产品，那么你可能会想采用成本导向定价法来保持竞争优势，但是如果你产品的爆点非常高，你可以毫不犹豫地选择价值导向定价法。

## 你的利润是多少？你的损失又是多少

现在你已经完成了定价工作，可以开始关注一下损益表了。首先看一下你的收益——这是最有趣的部分！价格乘以未来三年预计的客户数量，看看你是否能够取得收入的增长，以及在什么时候能取得这样的增长。其实一个简单的 Excel 电子表格就可以搞定，但大多数公司却没做到。

**接下来就是核算成本了。** 你需要一个办公室、通信服务和保险——这些都是你的日常开支成本，加上工资以及研发设备和制造设备等费用，然后，你就可以计算在未来三年内的收入减去成本还剩下多少。如果开始几年算出来的是损失，千万不要气馁。很多高潜力的公司都会经历几年财政赤字的艰苦岁月。你可以考虑如何获取外部资金的支持，帮助你熬过最初的几年。

## 关于客户获取方向的数据

深入分析你记录的客户获取总成本和客户终生价值的数据。

首先查看你输入的那些关于销售的产品、销售人员的名字、日期及市场价格等数据。记住，你需要这些数据去评估是否合理分配了资源，而且在你开始扩张业务时，这些数据将会变成无价之宝。你还要确保你的价格匹配你的销售结构。例如，当平均交易额低于10 000美元时，你不能指望会有外部力量帮助你获取客户。如果你的客户获取总成本从长期来看，总是高于客户终生价值，计算也没用了。

你要尽早关注客户管道的状况。你在第一个月找到了多少潜在客户？他们之中又有多少人真正对产品感兴趣？又有多少人变成了实际购买者？多少人会对你持续忠诚并重复购买？当你完全了解了你的客户管道现状，那么你就可以慢慢地调整你的系统，确保有更高的销售额。

## 成功的必由之路

如果你已经做过了数字计算，非常好！但是，你的数字是真实的吗？经验（你自己或者别人的）和元数据（例如，一个确定的地理区域有多少人、人均收入、性别）能够帮你调整你的预期。你在数字计算上投入的精力越大，你离现实情况就越近。

完成计算以后，接下来就是更困难的工作了——你需要制订一个商业计划，把这些数字转化成现实。你需要进行一个所谓的"敏感性分析"。首先你要问自己："基于面前的这些数字，哪些因素将会对未来事业的成功产生最大的影响？"销售额和客户获取会作为关键因素来考虑，但是还有很多其他因素也需要被考虑。你需要去区分出哪些是你必须做的，哪些只是你想要做的。

练习

## 定价策略

你认为你的产品对客户有多大价值？

### 你的定价策略是成本导向？

提示：混凝土制造商会在成本上设置一个边际利润，并据此定价。

### 为什么这样做？

提示：混凝土产品非常类似，它们不具有清晰的产品爆点。这些产品是标准的并且同质的。

### 或者是价值导向？

提示：苹果公司会基于他们能够提供给客户的价值进行定价。

### 为什么这样做？

提示：苹果的产品拥有很强的产品爆点，它们能够在竞争中脱颖而出。

## 给我们看一下数字

截至目前，你应该有一个 EXCEL 电子表格了，你的数字会是怎样的呢？

|  | 第1年 | 第2年 | 第3年 |
|---|---|---|---|
| 客户数量 |  |  |  |
| 价格/销售单位 |  |  |  |
| 总收入 |  |  |  |
| 可变成本/单位 |  |  |  |
| 客户获取总成本 |  |  |  |
| 固定成本 |  |  |  |
| 总成本 |  |  |  |
| 总收入－总成本＝息税前利润（EBIT） |  |  |  |

*教堂·盖可就在这里！*

当你正在思考是否追加成本，抓住新的市场机会或开拓新的市场时，不要忘记问自己一个基本的问题："投入到新项目上的时间和资源，会给公司带来很大的不同吗？"当你没想好是否要投钱做营销活动去获取新客户，或是否为研发团队购买新座椅以避免他们背痛请病假，这个时候你要去做计算，问题就会迎刃而解。

### 目标设定

为了度量你是否有效地使用了你

的时间和资源？你可以问自己："我打算在什么时候做成什么？"有些人可能把这称作制定战略，但是我们只是想告诉你，你需要将你的目标陈述清楚！设定目标的目的是为了在公司内形成共识并达成统一的行为模式。然而，仅仅设定并共享目标是远远不够的。你还需要通过制定的路线实际去做。

在你设定目标时，一般会存在三种陷阱：第一种陷阱是，设定的目标太多、太模糊或者太复杂，以至于没人能理解；第二种陷阱是，低估了让你团队中的其他人看到目标并与他们就目标进行沟通的重要性；第三个陷阱是，基于不确定的信息设定目标。如果模糊性会对数据搜集过程产生负面的影响，那你可能就无法确定你是否需要调整你投入的时间和资源。

在设定目标的时候，你需要让目标容易被理解并且测量指标容易转化成日常活动。清晰且准确定义的目标对提升业绩非常重要。不能让关键员工在努力做事的过程中两眼一抹黑，所以要促进过程中的合作。

现在继续去定义几个量化的目标吧。记住，只有能被测量的目标才会被实现。另外，也请记住，并不是什么事情都可以拿来当作目标的。一些客观事物本身非常重要并且值得测量，但是它们本身却不是目标。试想你拥有一辆汽车，你买汽车的目的可能是想要更快的速度；但是你若是想要去任何一个地方，你需要先确保轮胎里有气，发动机里有机油，油箱里有汽油。例行的汽车维修能够帮助你实现你的目标，所以虽然你不想忽视它，但是在一些事情变化之前——比如在冬天你会需要装上防滑轮胎，你都没必要采取任何其他行动。

在你定义好目标并进行沟通之后，要让公司执行委员会持续关注它们。一些附属部门，例如财务部门，它们只需要在形势发生变化需要采取行动时出现即可。

请记住，一定要时刻注意你的公司是否在朝着目标的方向前进。

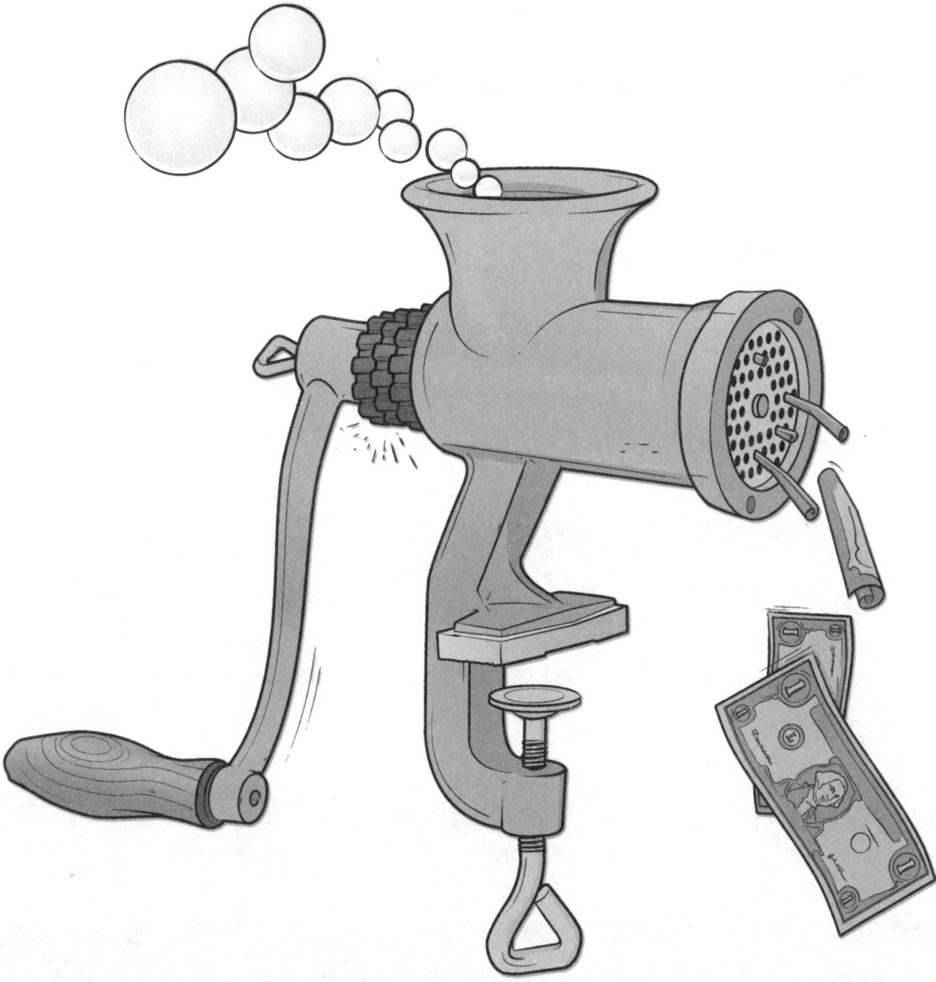

## 目标设定

设定目标的目的是为了在公司内形成共识，并达成统一的行为模式。然而，仅仅陈述并共享目标是远远不够的。

### 你的目标是什么，你怎样跟你的员工去沟通这些目标？

提示：获取 1 000 000 名客户，有启动过程和显著的标志。

### 你需要测量的最重要的事情是什么？

提示：一部跑车的仪表盘包括转矩和速度。

### 这些目标如何转化成日常活动？

提示：为了在未来一年内达成目标，需要每天增加 2 740 个客户，假定有 1% 的转化率，那就意味着公司每天需要接触 274 000 个新的潜在客户。

---

**请注意！** 并不是什么事情都可以拿来当作目标的。尽管一些客观事物本身非常重要并且值得测量，但是它们本身却不是目标。试想你拥有一辆汽车，你买汽车的目的可能是想要更快的速度，但是你若是想要去任何一个地方，你需要先确保轮胎里有气，发动机里有机油，油箱里有汽油。例行的汽车维修能够帮助你实现你的目标，所以，虽然你不想忽视它，但是在一些事情变化之前——比如在冬天你会需要装上防滑轮胎，你都没必要采取任何其他行动。

# 拨动你的指针吧

为了度量你是否有效地使用了你的时间和资源？你可以问自己："我想要在什么时候做成什么？"

### 做什么才能让你的指针直抵成功？

提示：增加你的客户数量。

### 什么因素会导致你的指针指向赤字（损失）？

提示：我们失去了一个分销合作伙伴，或者出售产品的成本翻倍。

### 那时候，你应该做些什么？

提示：你应该找出……

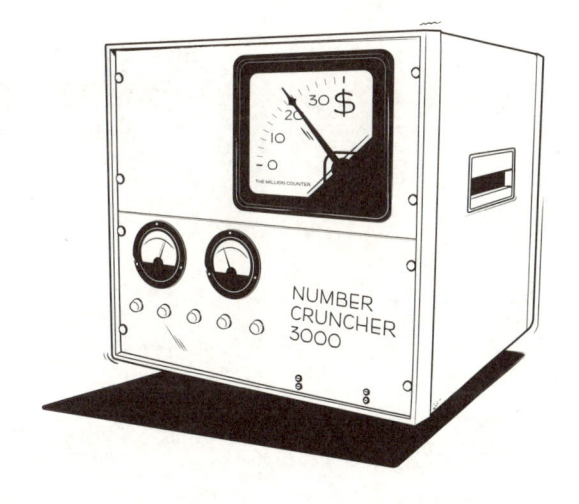

练习

## 下面就是你的收入来源

你能够通过出售的商品赚到更多的钱吗？也就是说，你怎样才能在找到一个新收入源的同时又能提升产品爆点？

### 怎么着手去做？

提示：瑞安航空通过在飞机上出售小吃，向乘客收取行李托运费，以及与停车场、汽车租赁和偏远地区的运输业务建立合作伙伴关系来增加收入。

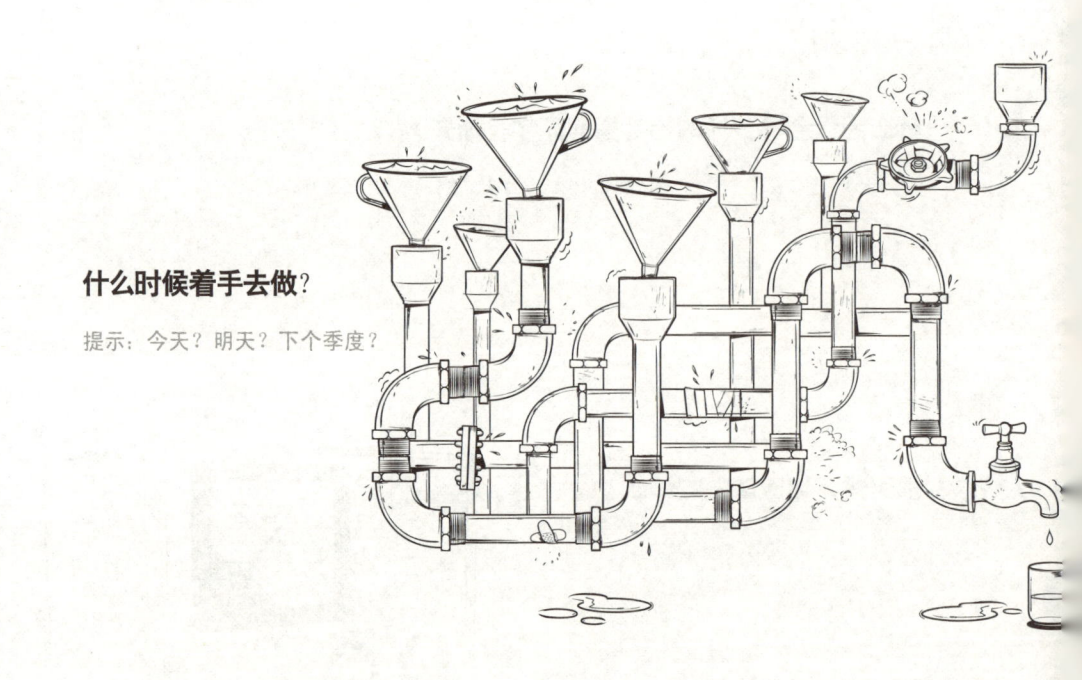

### 什么时候着手去做？

提示：今天？明天？下个季度？

**本章小结——商业模式**

研究数字能够帮助你进行战略定价，决定未来的投资以及评估你公司的未来发展路线。不遗余力地将你的电子表格中的成本列削减为零，通过独特的产品爆点去创造一个客户获取策略的杀手锏，并致力于采用价值导向定价法。定义一个清晰的目标，并就这个目标与你的团队进行良好的沟通。时刻监控团队时间和资源的利用状况，确保每个人都在实现目标的正确道路上。

需要回答的问题：

1. 零的博弈你玩得怎么样？
2. 你已经决定了正确的定价策略了吗？
3. 你已经有了计算成本所需要的数据吗？
4. 你为自己的事业设定了一些清晰的目标了吗？
5. 你是否很好地监控了你的时间和资源使用情况，并在必要的时候进行调整呢？

**同步你的"齿轮"，跟商业模式同步**

你的商业模式远不仅仅是玩数字，一定要努力让你的商业模式成为产品爆点的一部分。

请记住！

收益源于创造零成本过程中的伟大创意和创新。

# 第 5 章

# 合作伙伴

没有哪家公司是一座孤岛

谁爱你？谁恨你？

啮合创业：在斯坦福学创业规划

找合作伙伴并不难，难的是找对合作伙伴。要想找对合作伙伴，首先你得问自己："谁爱我？谁恨我？"接着，你需要从收入和产品爆点等方面来考虑你未来的合作伙伴，判断他们会带来什么价值。最后，你和你的合作伙伴们得确定各自能为合作关系作出什么贡献，以及能从合作中获得什么利益。

成功的合作关系能带来收入、利润、市场份额和品牌价值的增长。但这其中也潜藏着危机。有时候，让产品爆点更突出有助于你加速获取利润，但这可能把你合作伙伴的商业模式搞乱！在你准备电话约见潜在合作伙伴之前，弄清楚你们的合作对这个合作伙伴会有什么影响，这是极其重要的。

## 没有哪家公司是一座孤岛

合作伙伴关系对于你公司的成长很关键，而且你可以为生意的各个环节建立合作伙伴关系，比如生产、研发、产品开发、销售、分销和客户支持等环节。合作伙伴对你是必需的！在这个不断变化的世界，产品周期越来越短，公司都专注、专业化、差异化其核心业务，而把其他任务"外包"给了合作伙伴。不论规模大小，没有哪一家公司可以在没有合作伙伴的情况下解决客户的所有痛点。

**永远不要尝试自己搞定一切！**

### 谁爱你？谁恨你

但是，找对合作伙伴并不容易。刚开始寻找合作伙伴时，可能只因为第一家对你表示兴趣的公司把你捧上了天，你就毫不犹豫地和它建立了合作伙伴关系。或者，也许你渴望与你的产业领域中的一家大腕品牌合作，因为你心想："要是能和沃尔玛或梅赛德斯-奔驰联手，我们就一定会成功。"但不幸的是，即便是最愿意与你合作的，或是最知名的企业，对你来说也不一定是最好的合作伙伴。要建立长久的合作伙伴关系，双方都必须能在结成合作伙伴后比单独运营时更加有效。名气和亲疏与能否合作成功关系不大。

合作伙伴关系分为两类：爱你的和恨你的。你可能会问："我为什么要和恨我的人成为合作伙伴?"因为你一开始可能根本无法知道谁属于哪一类!那个光环闪耀的新合作伙伴看起来好像和你一拍即合,但不久以后,却可能会扭曲变形,成为你的头号敌人。这是可能发生的!

**爱**:真正爱你的合作伙伴会希望你成功。这是为什么?因为你的成功会促进他们成功!首先,和你合作能提高他们的收入和利润;其次,与你合作能帮助他们识别出自己的产品爆点是什么,或者使合作伙伴产品的爆点更突出、更吸引客户。你或许能给他们对付对手的新武器:降低他们吸引和留住客户的成本,加快他们的产品进入市场的时间,或是提高他们的产品和服务质量;最后也最重要的是,如果合作伙伴的客户喜欢你,那你的合作伙伴就会更喜欢你!所以,去弄清楚那些可能成为合作伙伴机构的客户有什么痛点,并满足他们的需求吧。当未来的合作伙伴听说你帮助他们的客户解决了难题,他们会更乐意在合同上盖章!

**恨**:那些逐渐变得恨你的合作伙伴,往往有充分的理由恨你。毕竟一个微小的新手也能给合作伙伴带来巨大的麻烦。举一个例子,试想你刚开发的非常好的一款新产品,刚好解决了你的合作伙伴的客户长久以来的痛点。因此,你一进入市场,不仅让你的合作伙伴们意识到了他们很久以前就该做却没做的事,而且你还改变了游戏规则!突然之间,他们的客户就开始要求更低的价格、更好的服务、更多的功能、更快的物流等——这些都要花钱且会造成你的合作伙伴本想避免的麻烦。

## 敌人的敌人就是朋友

如果你威胁到潜在合作伙伴的收入来源，他们对此会非常憎恨；并且他们会讨厌你发掘出的产品爆点。更糟的情况是，他们会觉得无法通过与你合作来击败你，因为这种合作会激怒他们已有的合作伙伴，破坏他们的商业模式。甚至，他们可能会与你的某个竞争对手合作！

对于你的潜在合作伙伴来说，最让他们头疼的情况是他们爱你，而他们的客户恨你。Skype 就是个好例子。Skype 刚进入市场时，手持设备提供商非常愿意与 Skype 合作。Skype 宣传的"全球免费通话"对他们毫无影响，因为他们的客户的客户，不管进行免费还是收费通话，总是要买手机的。但问题在于，这些生产商的客户——移动通信公司却恨 Skype。那些免费通话蚕食了利润颇丰的远距离通话业务。

因此，某家公司会爱你还是恨你，有时候和你自己没有什么关系；相关的其实是生态系统中其他玩家之间的复杂关系。在考虑合作伙伴的时候，你要想想，一旦与你合作，你的合作伙伴与他自己现有合作伙伴的合作关系会受到什么影响？并且要牢记，只要你成功地与一个合作伙伴建立关系，其他公司会更愿意跟上来。

## 你能付出什么？你能得到什么

无论处于什么样的关系之中，你都必须付出才能得到回报，而商场上尤其如此。合作伙伴关系中的双方都在"打赌"——集中双方资源比埋头单干能够更快增加收入和利润。并且，合作伙伴关系中的双方往往用自己大量拥有的资源下注，以求得到稀有和难以模仿的资源作为回报。合作伙伴之间越能互补，伙伴关系对双方来说就越有价值。然而，合同并不能创造稳定的合作伙伴关系。为了提供给客户已经承诺的产品爆点，合作双方必须努力对各自的付出和所得达成共识。一旦双方出现了分歧，有一方改变了原有方案，合作关系就会枯萎死去。一致性和互相依赖对于建立成功的合作伙伴关系是十分必要的。

## 每个合作伙伴关系都从一声"好"开始

一家新公司建立第一个合作伙伴关系往往会很兴奋。知道有人对于自己的业务有兴趣总是一件很棒的事！不过，在庆祝新建立的合作前，你还得先从两方面评估一下这段关系：收入和产品爆点。你的合作伙伴必须做到以下二者之一：（直接或间接地）促进你的收入增长，或是使你更有可能不断给客户提供独特的、使他们满意的产品。当然，如果二者都做到就更好了！大多数合作伙伴一般都会在两者之一上有所贡献，但贡献度可能会有差异。你必须乐观地看待你的合作伙伴关系。最强大的合作伙伴会在两方面都作出同样大的贡献：帮助你确保收入和改进产品爆点。

## 合作伙伴

合作伙伴对于你的公司的成长很关键。但是，找对合作伙伴并不容易。

**列出符合以下条件的公司：**

**爱你的公司：**

真正希望你成功的合作伙伴。

**恨你的公司：**

逐渐变得恨你的合作伙伴，往往有充分的理由。

**注意！** 敌人的敌人就是朋友。

# 收入 - 产品爆点矩阵

仔细评估各种类型的合作伙伴,确保建立最佳的合作关系。

**根据以下标准,把潜在的合作伙伴分别归入图表中合适的位置:**

1. 他们对你的收入贡献是多少(如果可以,写下具体数额吧),以及/或者,他们对你的产品爆点贡献是多少(描述一下吧)?

2. 你对他们的收入贡献是多少(如果可以,写下具体数额吧!),以及/或者,你对他们的产品爆点贡献是多少(描述一下吧)?

**出现以下情况是可以的:**

——你不知道潜在合作伙伴的名字;

——你在不同类型的合作伙伴选择上犹豫不决;

——你完全不知道该把某个合作伙伴归入哪一类——此时就直接放入"好!"那一格;

——把同一个合作伙伴同时归入两格。

合作伙伴确保你的收入的潜力

| 侏罗纪合作伙伴 | 爱或恨 | 有战略意义的合作伙伴 |
| 垃圾邮件型 | 好! | 军火型 |
| 剧毒型 | 玩伴 | 值得学习的合作伙伴 |

合作伙伴帮助你改进产品爆点的潜力

⑤ 啮合创业：在斯坦福学创业规划

|  | ++ | 侏罗纪合作伙伴 | 爱或恨 | 有战略意义的合作伙伴 |
|---|---|---|---|---|
| 合作伙伴确保你的收入的潜力 | + | 垃圾邮件型 | 好 | 军火型 |
|  | - | 剧毒型 | 玩伴型 | 值得学习的合作伙伴 |
|  |  | ++ | + | - |

**合作伙伴帮助你改进产品爆点的潜力** →

86

## 确保合作伙伴真的合适

合作伙伴关系各式各样，仔细评估各种类型，确保自己建立最好的合作。

### "玩伴型"合作伙伴

"玩伴型"合作伙伴对你的收入贡献甚少，但确实会帮助宣传你的商品或服务。但是，随着时间推移，你可能逐渐不再需要这种合作伙伴关系。这样想：如果你和你最初结交的合作伙伴不再处于同一阵营，他们就不会对你的生意有所贡献，你也不会因为对他们的付出而得到任何回报。这时候，就该找新的合作伙伴了！但这并不意味着你得断绝与老友的一切关系。像往常一样，接他们的电话、把他们的商标放在你的网页上——只不过，不要再为他们浪费任何资源。

### 值得学习的合作伙伴（简称"学习伙伴"）

学习伙伴能助你更好地理解自己的产品、市场和价值链——这些对于企业成长和成功都是必需的。而且，学习伙伴会对你的产品爆点、进而对客户满意度作出显著贡献。与他们的结盟也会有利于你讲好关于公司的流畅的故事。典型的学习伙伴有大学、产品创新机构和经验丰富的企业家。多一个学习伙伴没有坏处——不论从谁那儿，你都能学到点东西。困难在于计算你从这些伙伴关系中究竟学到了多少。由于这些学习伙伴往往对你公司的收入没有什么显著影响，你完全可能做得更好。

### "垃圾邮件型"合作伙伴

"垃圾邮件型"合作伙伴能花费最小的成本让你的产品在一个庞大的市场中广为人知。但他们也很烦人，因为他们不加挑选地频繁宣传，让潜在的客户们要么选择无视他们，要么更糟——直接被惹恼。这可不是吸引客户的有效手段，要注意这种情况！

### "军火型"合作伙伴

有时你会成为他人的战争中的

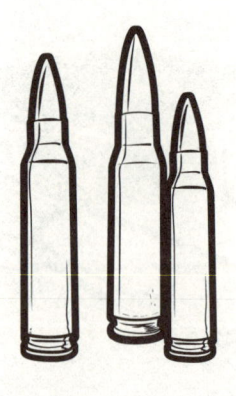

"军火"！这是什么意思呢？这就是说，你的产品帮助了其他公司打击对手。那么，这种合作伙伴关系对你有什么好处呢？首先，这种合作伙伴关系对于你的收入和商品服务的改进都有好处。你的商品附加在合作伙伴的产品上后，将使合作伙伴的产品比原先更胜一筹。当你的合作伙伴把你的商品附加于自己的商品之上，你的产品就会被更多目标客户所知，从而为你带来更多收入。同时，如果这些客户意识到自己也需要你的产品，你也就获得了合作伙伴的客户群——几乎不花一分钱。本质上，你是一头扎进了一个新市场的中心，你的产品也在新环境中重新定位为用户提供了另一种独一无二的体验。这类合作伙伴关系大概是最难以辨别和评估的，而且成为他人战争中的"军火"也让人生畏，但这类经历却可能回报极丰。与这类合作伙伴密切合作吧。

## "侏罗纪型"合作伙伴

"侏罗纪型"合作伙伴——想想沃尔玛和宜家——是你的市场或产业之中的巨头，而且这些无情的玩家转瞬间就可以改变游戏规则。所以，想象一下，把它们列入你的合作伙伴名册里会是怎样的光景！如果你的产品有一个独特的爆点，让他们想和他们自己的产品绑在一起，那你的收入就会飙升了。并且，只要他们站在你这边，你的竞争对手都会嫉妒你。但要小心了！如果"侏罗纪型"合作伙伴们真的热爱你的产品，他们就可能自己开发相似的产品，从而从你最好的合作伙伴变成最可怕的敌人。并且，一旦他们不再需要你的公司，搞垮你也易如反掌。如果你不能成功交付产品，或是别人提供相同服务但开价更低，那你就完了！侏罗纪合作伙伴们只做对他们——而不是对你——最有益的事。你要确保你的产品爆点确实被他们所理解，并确认自己确实是他们的合作伙伴，而不只是供应商。

### "爱或恨型"合作伙伴

因为通常你预测不到刚结交的合作伙伴将来会爱你还是恨你，所以预测将来会有一段充满爱的还是一段充满恨的合作伙伴关系就很难。最大的问题是，你信任这位合作伙伴吗？爱或恨并不是永远不变的，爱你的合作伙伴可能会变成战略意义的合作伙伴（是件好事）。但是，恨你的合作伙伴也可能变成"侏罗纪型"行业巨头。要想看清合作伙伴关系正朝着哪一边发展，就要试着看清自己是不是在合作关系中作出与合作伙伴平等的贡献，抑或自己只是对方的一颗棋子。细心地监控你们的合作伙伴关系，当自己的地位有所动摇时，要及时应对。

### 有战略意义的合作伙伴

成功的战略合作伙伴关系中的双方都能得到丰厚的好处。付出和回报都很明确，而且双方公司的规模和影响力相当。相反，如果你新成立的公司有 80% 的收入来源于你的巨头合作伙伴，而你的产品价值只占对方收入的 1%，想想会发生什么？此时，合作伙伴对你的需求远不及你对他的需求，而你从对方获得的关注和资源都不足以使你们成为战略意义上的合作伙伴。这样的关系甚至可能变成"侏罗纪型"合作伙伴关系。战略意义的合作伙伴们通常是一个精英团体。

### "剧毒型"合作伙伴

对待这类合作伙伴不能像对待其他合作伙伴那样——要不惜一切代价，躲得越远越好！假如某个人看起来明显毫无价值，你当然从一开始就不会成为他的合作伙伴，但是你得明白，有些似乎很棒的潜在合作伙伴，实际上可能变成"剧毒型"伙伴。一旦你发现某个要达成的合作伙伴关系存在巨大的缺陷，而且他们几乎（或完全）不能对你的收入或产品爆点作出任何贡献，那就赶紧停止谈判。不过，一定要用友好的方式中止。因为即便是"剧毒型"合作伙伴，未来也可能会对你的事业有助益，你也可能会在将来某个时候再次亲近他。

在你准备和现有的合作伙伴或者新合作伙伴谈判之前，参考一下"合作伙伴付出—回报表"吧。我们已经以一个移动网络运营商和一家游戏公司的合作伙伴关系为例，用灰字填好了这张表。在你使用这张表的时候，请把自己的情况填入、替换掉我们填的内容。

## 从"好"走向战略意义的合作伙伴关系

一段成功的战略意义合作伙伴关系中，双方都能得到丰厚的好处。

说一说在怎样的情况之下，你的合作伙伴能成为有战略意义的合作伙伴。

小提示：有明确的付出和回报。合作伙伴们有不相上下的公司规模和影响力。

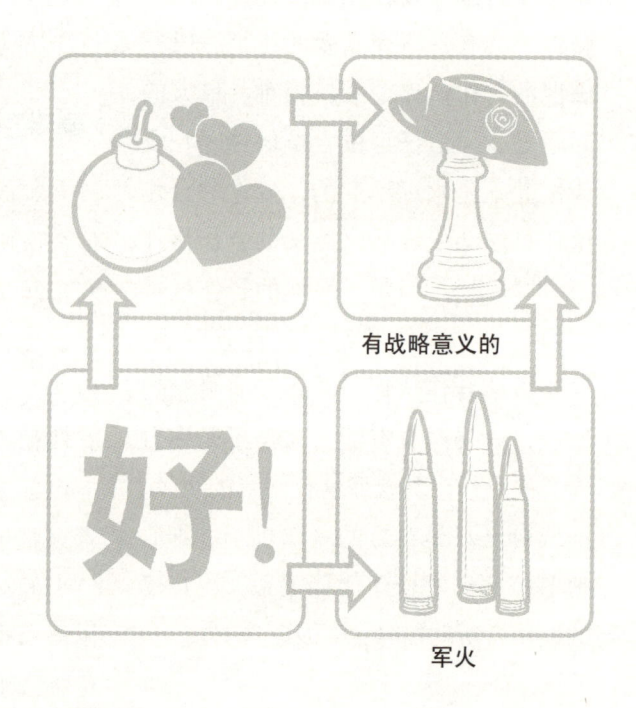

有战略意义的

好！

军火

90

## 通向你的合作伙伴之路

你已经知道自己想和谁成为合作伙伴了。
现在你要想想怎样才能接近他们了！

**合作伙伴的名称:** _____

### 你认识谁？

列出所有你认识的、和这位合作伙伴有关系的人。


### 你会对门卫（比如那个能帮你引见的人）说什么？

怎样说服这位门卫让你和决策者见面？


### 你会对决策者说些什么？

谁将做出决策？给你 30 秒时间让他们对你的提案产生兴趣！


### 你会怎样说？

通过电子邮件、电话，还是面对面？

## 合作伙伴付出 - 回报表

| 可能为合作伙伴关系而付出的筹码 | 合作伙伴能够付出的<br>移动网络运营商 ➡ 游戏公司 | 合作伙伴能得到的<br>游戏公司 ➡ 移动网络运营商 |
|---|---|---|
| 科技<br>（产品、平台和处理技术） | 提供基本设备 | 新的内容 |
| 资源<br>（资金、时间、人才和知识） | 资金 | 新的产品 |
| 人际关系<br>（客户、渠道、投资者、政府） | 广泛分布的销售渠道 | 提供服务的内容 |
| 口碑<br>（受关注度、可信度、品牌价值） | 稳定、大规模 | 有趣的图片 |
| 产品爆点<br>（向对手学习、提升产品价值） | 由世界上规模最大的运营商为用户提供游戏 | 长期为运营商的用户提供最新、最酷炫的游戏 |
| 能促成或毁掉合作伙伴关系的因素 | 通过运营商的网络来获取用户 | 有更多的收入 |
| 关键人物之间是否志趣相投<br>（文化、性格、个性、价值观） | 理解当地文化 | 理解年轻的用户群 |
| 企业愿景与战略<br>（目的、使命、追求的价值） | 企业成长 | 青少年用户市场 |

**本章小结——合作伙伴**

要么建立合作伙伴关系,要么消亡!选择合作伙伴时要考虑三个问题。首先,问问自己:"谁爱我,谁又恨我?"第二,潜在的合作伙伴们如何为你的收入和产品爆点作贡献?第三,你和你的合作伙伴各自都能为合作伙伴关系贡献什么,又能从中得到什么?

你需要回答的问题:

1　你知道谁爱你、谁恨你吗? 你知道为什么吗?

2　你是否已经准备好欢迎爱你的合作伙伴们,并保护自己不受恨自己的合作伙伴的伤害?

3　你知道你的合作伙伴们将如何为你的收入和产品爆点做贡献吗?

4　你与合作伙伴的付出和回报是否能够产生明确、有吸引力的合作伙伴关系的价值定位?

**同步你的"齿轮",与合作伙伴同步**

确保你成功的同时,也要确保你的合作伙伴成功!完美的合作伙伴会让你的产品爆点更加清晰,并给你带来更多的客户。

**记住**

所有的合作伙伴关系最终都在爱与恨之间。

第 6 章

# 竞争对手

别被他们的存在吓唬到,但请时刻
保持警觉

不是大鱼吃小鱼，就是快鱼吞慢鱼

竞争永远存在。即使在你的产品所在的市场中，没有哪家公司销售的产品和你的一模一样，你的竞争对手也一定存在。每一家企业都想争取客户的时间和金钱。你需要思考的是：我的潜在客户是否还愿意为了其他什么东西去花费时间和金钱？

不相信吗？不相信有人和你竞争吗？若是如此，那么就只有三种可能性：

你错了（这种可能性最大）！

你所看中的机会太微不足道，以至无人想和你竞争。

你找到了一个隐蔽市场中的绝妙机会，而且你懂得怎样才能完美地抓住它。你是个天才！

或许……你并不是。几乎可以肯定，哪里有超棒的机会，哪里就会有人在打它的算盘。要是你周围没有一个竞争对手，你的日子大概也不长了。对大多数企业来说，竞争是显而易见的。

我有一位同事认为："除非企业的收入达一千万美元以上，否则没有所谓的竞争。"他的意思是，除非你的企业是一家大型企业，你不用太为竞争对手费心。当然啦，你最好要意识到他们的存在，观察他们的动向，但不要在他们身上浪费太多时间或资源，更不要模仿他们。

相反，你该关心的是如何把自己的产品做得更加出彩。事实上，只要你创造出了真正不可思议的产品爆点，对付竞争对手简直不费吹灰之力！

## 大鱼吃小鱼？还是快鱼吃慢鱼

你选择进入什么样的市场，决定了你需要多么密切地关注你的竞争者。

问问自己："是大鱼吃小鱼？还是快鱼吃慢鱼？"换句话说，你想在风暴肆虐、鲨鱼环伺的红海中奋斗；还是在风平浪静的蓝海中优游？

"红海"和"蓝海"两个术语出自金伟灿与美国人莫伯尼所著的《蓝海战略》。

### 红海

在红海中，你和许多其他公司销

售的产品都极为相似，你们都只求生存下来。你面临的问题是，怎样让潜在的客户放弃他们已惯用多年的产品，转而来购买你生产的产品。

对于红海中的鱼儿来说，有一件事值得庆幸：市场规则和联盟已经建成。因而作为一名新进入者，你很容易就能认清形势并快速入门。但棘手的是，你不能做太长时间的新进入者，你必须快速成长起来，因为在红海中，小鱼会被大鱼吃掉。红海中的企业要充分利用现有的客户需求。问问自己吧：哪些客户是我能从别人手中抢过来的呢？我怎样才能说服他们改变习惯、购买我的产品，而非继续购买其他企业的产品呢？你可能需要稍稍降低产品价格，或者把它们做得更高效、更好，来增加你产品的爆点，这样的话，客户就可能转而购买你的产品。然后，你要将公司的发展和你选择的价值定位结合在一起，并超越竞争对手！

## 蓝海

蓝海之水湛蓝而宽广。这是因为你极有可能是其中唯一的鱼儿。这片海水中没有竞争后残留的血污，因为迄今为止没有人发现你的市场。想想这种没有竞争的情景吧！觉得很美，是不是？但不幸的是，现实中没有这么美好的事。为什么？因为对于新市场中的新产品来说，没有现成的客户需求。所以你还得创造客户需求。想象一下，你是在让人们买一件闻所未闻、莫名其妙的产品，还要叫他们重新审视未来的购物计划、改变习惯。这个要求本来就不低，而且你还必须引导人们达到这个要求——不过你一定可以做到的。毕竟，发明一些新词汇来描述你的新产品，并不是一件很难的事情。

但是，想要在蓝海中完胜，你还必须努力让产品有特色，并缩减成本。回想一下客户需求的"金字塔"。蓝海中的企业所生产的产品，其功能和效率（"金字塔"的下两层）可能和红海中的公司所生产的并无二致，但在产品爆点（"金字塔"的顶层）上有所不同。要想在蓝海中成功，产品爆点就必须和红海中的产品截然不同。请记住，你的产品爆点越强大，其他公司就越难以模仿它，这对你来说显然是个可持续的优势。

练习

## 分辨不同类型的竞争

在你相中的市场中，是快鱼吃慢鱼还是大鱼吃小鱼呢？市场类型基本可以分为两种，它们决定了你所面临的竞争类型。你是在红海中还是蓝海中游泳呢？

**请勾选出与你企业的情况最吻合的那一项，并说明理由。**

☐ 你正在与人竞争

☐ 你在竞争中占了上风

☐ 你在开发现成的客户需求

☐ 你取得了价值和成本间的平衡

☐ 你有自己的特色，或者你的成本更低

红海

- ☐ 你是与现有其他企业互补的企业
- ☐ 竞争与你无关
- ☐ 你在创造新的客户需求
- ☐ 你打破了价值和成本间的平衡
- ☐ 你正在用一种全新的解决办法

蓝海

## 你擅长超越对手，还是善于改变游戏

在红海中能做到游刃有余的人，一定整日都在试图把客户从现有企业身边扯开。因此，想要在红海中取得成功，你必须超越对手，比你的市场中的其他任何公司都做得更好。这是一场艰苦的斗争，能否成功取决于你的"电池"是否足够优质，待机时间是否长到足以让你集中精力打击对手，直到他们投降或死去。永远不要忘记这场战斗考验的是集中力和耐力；即使你只开一秒钟的小差，或者你的"电池"在游戏开始时没有充满"电"，你都会输给对手。

蓝海中的情况则截然不同：在那里，你是改变游戏规则的那个人。你可能是目力所及之处唯一的玩家，此处可能有，也可能没有一个现成的市场，而且游戏规则尚未确立。就算你走神一秒，你也不会有所损失，因为你尚无竞争对手。这样的情况之下，你的任务就是制造一个前所未有的产品。只要做到这点，你就能靠坐在躺椅上，悠悠闲闲地看着客户们蜂拥而至了。手指都不用抬一下，客户就会被吸引过来——为了得到你的产品，他们会在门前排起长龙！就像一位企业家说过的："改变游戏的人无时不刻都在吸引着新客户，连下班时间也不例外。"当然，这是好事。然而，也有坏事：你的"电池"最好能提供前所未有的超长续航时间，因为蓝海经常会转变为红海，而你也就要准备和一些"大鱼们"战斗了！

以手机市场为例。曾经，人们想要打电话时，必须使用一台固定在墙上的机器，这样一来，直到话说完为止，人们都要待在原地、不能走动。但是，后来有了手机。转眼之间，人们可以一边通话一边走来走去，或者拿一点儿零食，甚至可以边赶路边通话。这其中的产品爆点实在是太强大了！但是，即便人们热爱这个新鲜方便的玩意儿，传统电话厂商依然只是纯粹把它当作传统电话机的"调味料"——传统电话产业依然在进行你死我活的红海争斗。正因为从来没有人想过我们可以摆脱电话线而用手机通话，所以通信公司和电话制造商都没有注意到这个全新的市场。

然而，手机最终普及开来，范围之广引起了这些红海斗士们的注意，而手机市场的游戏改变者们也开始卷入凶残的竞争。几乎与此同时，一条"小鱼"突然离开了战场，并调头朝着截然不同的方向游去。强大的现有企业嘲笑这条"小鱼"，因为它想要加大屏幕尺寸并淘汰传统的键盘。但是，这条小鱼标记出自己的领地，并孜孜不倦地改进那些产品爆点，终于打拼出了自己的天地并扬名天下。想知道当年的那条"小鱼"的名字吗？苹果！

大多数公司都在努力成为超越对手者，其中的大多数又依靠着产品的特色因素来提高存活概率。这其中，有些公司可能会突然转变成游戏规则改变者。如果你就是这样的，那么请抽出一点时间，好好看看自己究竟是什么人。你是否具备做一个真正游戏规则改变者的条件？还是说，你在内心只是做一个超越对手者，仅仅梦想过改变游戏规则？

## 创新者的窘境

超越对手者迟早会被游戏规则改变者打败。曾有一些作者极为出色地描述过我们所谓的超越对手者面临的挑战，以及游戏规则改变者入侵或创造市场时的情况，克莱顿·克里斯坦森（Clayton Christensen）这位作者就是其中之一。他的研究显示，超越对手者最终总是会被游戏规则改变者打败、出局，不同的只是时间早晚而已。

这是为什么？理由非常简单：游戏规则改变者的颠覆性技术或发明打破了既有的市场规则。通常来说，在开始时，游戏规则改变者会先试图吸引低端客户，比如说那些此前没有财力或机会享受到市场上已有产品的人们。

这样的开始，对于超越对手者来说并没有什么影响。他们会告诉自己

## 啮合创业：在斯坦福学创业规划

或互相传话，说那个在斯坦福大学的小棚屋里起家的菜鸟，他做出的那些改变游戏的把戏永远都不可能走上正轨。他们甚至可能说，这个游戏规则改变者的成功概率就像猪飞起来的概率一样大。但是，可以肯定的是，那个游戏规则改变者就要开始"蛰伤"这些大公司了！当那些此前一直接受大公司所提供的解决方案的客户们意识到眼前出现了一个更加简便的产品（没有了中看不中用的装饰）时，"蛰咬"就开始了。

超越对手者面对的问题在于，等他们反应过来并开始着手对付游戏规则改变者的时候，往往已经太晚了。为什么不早点应对呢？因为市场中的其他人都没有应对，不管是竞争对手，还是合作伙伴，都没有重视，因为这不在他们的注意范围之内。超越对手者正集中精力满足现有客户们的要求，用逐步累加的小创意来改进产品，但是随着时间推移，客户们开始质疑那些中看不中用的装饰品（即功能），转而想要选择更简约且更便宜的产品，昔日超越对手者们就要被清除出市场了。

想象一下上山滑雪一日游。从前，这意味着你要穿着滑雪板，慢腾腾地，而且可能是痛苦地，一步一喘地爬上山。到了山顶上以后，你滑了几个漂亮的弯，就又回到了山脚下。很少有人能完全享受这个过程，但是从某天开始，人们可以坐火车上山了，享受滑雪的人就渐渐变多了。当然，这还是有些麻烦——要脱下滑雪板，还要等火车等，但是人们确实更喜欢这样。后来，有人发明了缆车，上山就变得更便宜、更方便了。但是，你还是要排队候车，而且可能要多次换乘缆车，才能抵达山顶享受少有人滑过的松软的新雪。想象一下，假如有一个升降机可以几秒钟带你飞到山顶上呢！再想象一步，假如它是免费的，而且能为你随时待命呢？

有趣的是，最初的发明登山设备的登山者们没能发明出上山火车，上山火车公司也没能竞争过缆车公司，这样的话，发明出可以飞行的升降机的，多半也不会是缆车公司。如果将来真的出现飞行升降机，它也多半会由完全无关的人发明。

记住，大多数游戏规则改变者失败了，但总有一天，会有一个成功的……

练习

## 你是游戏规则改变者，还是超越对手者

你将会改变游戏规则，远离竞争；你将会创造新的客户需求，找到更好、更低价的解决办法；或者，你将会在市场中脱颖而出，在现有的游戏规则中打败对手。现在，到了选择的时间了。你必须选择其中的一个阵营。

**你是游戏规则改变者。请解释原因。**

提示：苹果公司的 iPad 就是一个游戏规则改变者。

**你是超越对手者。请解释原因。**

提示：三星通过模仿其他产品的功能、并提高效率，来充分开发现成的需求。

## 谁有可能打败你

谁的产品与你的大同小异？想想你产品中的那些产品爆点吧！谁的产品与你的几乎相同，使你的客户们有可能转而购买他们的产品？

**客户可能会转而购买这些人的产品……**

提示：本来要买一辆梅赛德斯－奔驰的客户可能转而购买一辆奥迪。

> 竞争对手是否很难找到？

**因为……**

提示：梅赛德斯－奔驰所解决的客户痛点，奥迪一样能够解决。

## 竞争永远不会消失

也许在你的市场之中，没有哪家公司销售的产品和你的一模一样，但你的竞争对手也一定存在。每一家企业都想争取客户的时间和金钱。

**客户为你的产品所花的钱能够用来……**

提示：客户为购买奢侈品牌皮包花的钱能够用来买 20 个颜色各异的低端品牌皮包。

**客户为你的产品花费的时间能够用来……**

提示：客户们可以花两个小时去看电影，但他们也可以选择用这两个小时玩电子游戏或者在咖啡店坐坐。

> **注意！** 你认为自己没有任何竞争对手吗？若是如此，那么就只有三种可能性：1. 你错了（这种可能性最大）！ 2. 你所看中的机会太微不足道，以至无人愿意和你竞争； 3. 你找到了一个隐蔽的市场中的绝妙机会，而且你懂得怎样才能完美地抓住它。你是个天才！

| 超越对手者 | | 游戏规则改变者 |
|---|---|---|
| 传统学术书籍 | ⇄ | 《啮合创业：在斯坦福学创业规划》 |
| 取悦作者 | ⇄ | 取悦读者 |
| 明星作者 | ⇄ | 一群作者 |
| 越厚越好，尽量达到500页，多些字数，多举例子 | ⇄ | 约200页，多配插图；短小简洁，逻辑连贯 |
| 学术研究或商界大佬读者群 | ⇄ | 每个生意人，或是有创业意图的人都可以阅读 |
| 学术严谨性强 | ⇄ | 象牙塔和世俗智慧的精华集 |
| 真相 | ⇄ | 更完整地叙述……各异的真相 |
| 有深度 | ⇄ | 提供灵感 |
| 在容量和概念上都互不相关的书 | ⇄ | 相同的概念和格式 |
| 纸质书 | ⇄ | 教育平台 |
| 作者是报时人 | ⇄ | 作者们是时钟制造匠的师父 |
| **红海战略** | | **蓝海战略** |

**本章总结——竞争对手**

你要不断地争取客户的时间、金钱和关注,不管是在现在还是将来。如果你是在红海中竞争,请努力积累并确定自己的战略——提高价值或降低成本,做好超越竞争对手的准备;如果你漂在一湾蓝海中,赶紧将精力集中到产品爆点之上,同时别忘记做出自己的特色,并降低成本。做一个游戏规则改变者,客户就会蜂拥而至。然后,当你的蓝海变红海时,要么保住你在其中的地位——变得强大到难以撼动,要么转而游向另一片蓝海。

**需要回答的问题:**

1 如果你是游在一片红海中,你的"电池"是否充好了?
2 你知道自己应该怎样超越对手吗?
3 如果你的业务是在一片蓝海中,你是否已经创造出了一种广为普及的产品爆点?
4 你提供给客户的东西足以让你成为一个游戏规则改变者吗?

**同步你的"齿轮",与你的竞争对手同步前行**

竞争对手也是人,很多时候竞争对手可以转换成很好的合作伙伴。

确保你成功的时候,你的合作伙伴也能成功!完美的合作伙伴会让你的产品爆点更加清晰,并给你带来更多的客户。

**记住**

一个小小游戏规则改变者有可能打败一个巨大的竞争对手,但是一个强大成熟的企业也可以碾压一个新人。这都取决于周围的环境是蓝海还是红海。

第 7 章

# 全球化

在全球扩展你的业务

好创意，无国界

# 第 7 章 全球化

好创意，无国界。在走向全球之前，请思考前面章节所提出的问题：你是一个游戏规则改变者还是在现有游戏规则下的超越对手者？相信我们——当你的企业走向全球时，它将带来巨大差别。

## 扩张你的业务规模

当你决定扩张业务时，你需要考虑诸多因素。例如，现有的销售方案在新市场是否可行？如果不同地区的客户对于你所销售的商品的评价标准是相同的，那么恭喜你，你已经在竞争中领先了。然而，如果你的销售方案是专门为国内客户所设计的，那么你将需要针对国际市场对现有产品进行调整。你的团队成员是否需要调整？在绝大多数情况下，答案是肯定的。你的公司需要引入一些互补性技能，这意味着你需要雇用掌握多国语言、熟悉不同文化乃至拥有多元文化背景的人才。这种转变对团队内其他现有成员来说也将是个挑战。过去曾经在团队内拥有重要地位的人可能需要退居二线做辅助性工作，所有人都必须做好准备，以适应公司全新的基础（架构）、修改后的生产流程，甚至为了顺应公司扩张而搬入更大的办公楼。因此，不要因听到员工抱怨并缅怀过去的好日子而感到惊讶。在这种情况下，员工们很容易忘记他们过去曾经挤在狭小的办公室，冬冷夏热，坐在廉价的家具上办公的日子。随他们自由抱怨一阵吧。他们终会调整过来的。

如果你真的打算在世界舞台上发展，你需要将以下三点铭记于心。

第一，将业务向全球扩张所需要的周期可能远比你所想象的要长！事实上，我们建议你将自己预期的周期乘以二。

第二，不要低估全球扩张所需耗费的精力。在鼓励每个人积极开发新点子和拓展新市场的同时，你还需要保持国内市场的稳定运行。这绝非易事！我们的建议是：将你现在投入的精力乘以四。

第三，确保你对业务扩张的全程掌控，根据情况随时做好终止的准备。我们知道你确信国际市场尚未饱和：高德纳公司的报告是这么显示的，你的顾问是这么向你确认的，你的直觉也是这么告诉你的。然而，有时偏偏事与愿违。并且，当你撤回到原计划、饱尝失败之感时，你也许还要承受不少风凉话，譬如"我早就劝过你了"或"逆势而为是不会有好结果的"。这时你所能做的就是回家自己"舔伤口"，从挫败中学习，然后东山再起。

## 全球化对游戏规则改变者和对现有游戏规则下的超越对手者有巨大的差别

如果你理解本书前面章节的话，你应当明白，做游戏规则改变者和现有游戏规则下的超越对手者差别巨大。尽管有诱惑去建议你成为兼而有之的公司，但我们强烈反对这种观点，建议你选择其中的一种并全力以赴。这对你实现商业机会、发展道路、发展速度以及你全球化的抱负都会有帮助。

我们将改变、扰乱和变革商业活动的人称为游戏规则改变者。当你走向全球时，你能从现有的国际商业活动中学到的甚少。相反，一开始，你就必须进行创造。试着想象你的手上有一张白纸，你必须在

上面画出在世界各地的市场进军计划——其中许多国家你可能知之甚少，但这也许是件好事！这将决定谁将参与你的海外扩张计划（参阅"合作伙伴"一章）、你将如何着手去做、如何进行整体设计。在现有市场改变游戏规则或构建新的市场体系是成为游戏规则改变者关键的一部分。

现有游戏规则下的超越对手者全球化道路则是完全不同的：他们重点放在了行业内的可比公司之前是怎样做的，以此为据进行改良并完成超越。

不管是游戏规则改变者还是超越对手者，理解"谁在做、做什么、怎样做"都是十分重要的。

## 你该何去何从

在最合适的选项下画星。分别计算三个选项得到的星星总数。星星的数量决定了你在本章开头问题上的答案。

| 标准 | 全球化 | 不知道 | 留守国内 |
|---|---|---|---|
| **客户与痛点**<br>（大多数目标客户在国外，因此这个痛点是全球性的） | ☆ | | |
| **产品爆点**<br>（我们的产品爆点是全球性的） | | ☆ | |
| **商业模式**<br>（优势可以在其他市场中得到进一步的发挥） | | ☆ | |
| **合作伙伴**<br>（我们有热爱我们的合作伙伴） | | | ☆ |
| **竞争**<br>（在他人行动之前抢占先机十分重要） | ☆ | | |
| **走向全球**<br>（我们的领导人有全球化所需要的独特技巧与关系网络） | | ☆ | |
| **团队**<br>（团队的使命是建立全球性公司） | | | ☆ |

练习

## 好创意，无国界

你想开拓全球市场机会的能力是没有极限的。

**设想一下，如果你的企业成功地开拓了全球市场，那会是什么样子？**

提示：苹果、谷歌、三星、沃达丰、可口可乐、保时捷等公司都成功了。

## 下一站

既然你已决定走出国门，那就让我们在地图上寻找你的下一站吧！如果你决定留守国内，这也情有可原。也许风险的确过大，也许你目前并不打算扩展业务。如果你仍未确定，请返回之前的章节，以整个世界为市场，模拟评估所有的齿轮。

1. **在地图上标示出你的下一个目的地。**

提示：圣保罗。

2. **你的目标市场有多大？**

提示：我想从圣保罗开始，把我的生意推广到整个南美洲。

3. **向来自其他地区的人征求意见。**

提示：如果你打算开拓南美洲市场，你打算向谁寻求帮助呢？

114

練習

## 全球化意味着要充分了解参与者、"赌注"和规则

为了走出国门、扩展全球市场，你需要充分了解外国的商业运作规则。对你原本所在的市场规则做到了如指掌尚非易事，更不必说在异国他乡——在一个语言不通、对你们产品、公司和团队有各种不同期望的市场中了。

为了熟悉外国市场，首先你需要熟悉那里的影响圈子——包括参与者、"赌注"和当地的规则。所谓参与者，就是能够帮你在外国市场获得成功的公司、机构和人。所谓赌注，就是你为了增加在外国市场的竞争力所必备的一切——不仅仅包括资金。最后，你需要理解当地的规则，换句话说就是理解在新市场下的商业运作规则。当你充分熟悉了以上三部分之后，你已做好了充分准备，可以向新市场进军了！

## 参与者就是那些重要的利益相关者

人们很容易假定外国的机构、组织和其他重要的参与者与国内类似者有同样的身份地位。但是，相信我们，事实并非如此！国内参与者所扮演的角色在外国也许是由迥然不同的机构或企业所扮演的——甚至无人扮演。在新环境开展业务时，要保持开放心态，即使这一切对你而言都无比陌生，请原谅我使用这一说法。

重要的参与者分为两种：地方性的参与者和全球性的参与者。地方性的参与者在当地享有盛名，但是一旦出了这个圈子就变得相对默默无闻。美国硅谷的光速创业投资基金就是一个地方性参与者的很好的例子。全球性的参与者则是全球闻名。比较出名的一个例子是普华永道。难题在于何时、何故以及如何在二者中进行选择。譬如，如果想当然地认为全球性的参与者永远胜过地方性的参与者，那就是大错特错的；反之亦然。另外，同一地点生态环境不同，对参与者的评估方式也可能不同，所以要格外注意！写一张清单，列出你认为会对你的企业产生重要影响的最重要参与者，接下来的工作就是努力接近他们了。

## 除了资金，参与者还有哪些"赌注"

想要到一个新地区参与游戏，你需要拿出"赌注"放在桌面上。当然

了，资金是很重要的，但是正如我们所注意到的那样，只有资金是通常不够的。那么你还需要哪些资金以外的"赌注"呢？首先是产品爆点，它会成为你的敲门砖！例如，当上述提到的跨国公司进展缓慢之时，能够带来产品爆点的小型创业企业却得到了思科和英特尔公司的垂青；其次是才干，如果你能展示出你在某一方面的杰出才能（比如在科技、市场或商业执行方面）并乐于分享的话，那么这些才能也可以作为你的资本；第三是顾客关系，如果你愿意"赌"上自己在现有顾客中的声誉的话，那么它也可以成为你的筹码。如果你的"赌注"能够转化成为某些其他参与者的优势的话，你将引起新地区的重要实体的注意，而这一新联系将进一步影响你与新的大玩家之间的关系。现在，在你列出的最重要的参与者名单上，加上那些你愿意放手一搏的"赌注"吧。

## 学习当地规则以赢得接受

尽管每个地区对正确的行为准则的规定都不尽相同，当地规则对特定环境下如何进行商业运作做出了规定。当地规则的根植于当地的所有文化、传统与价值观。如果你尊重并遵守当地规则，你将会赢得当地人的信任、更快地融入其中，你对应对各种挑战和困难的焦虑也会随之减少。学好当地规则最容易的方法就是保持缄默，四处观察，留心注意，向当地的朋友和同事询问你能够要求些什么、应该如何要求等问题。

在竞争中，充分了解你的对手是最重要的事情！主动联系当地的商会和其他与国家或产业相关的组织，从他们那里获取信息。同时，也别忘了你的大学室友、背包旅游时的同伴，以及 Facebook 上的好友们。他们告诉你的东西很有可能对你学习当地规则大有帮助。然而，他们并没有帮助你的义务——这对他们有什么好处呢？也许你需要邀请他们一起共进午餐，聊一聊你的产品！

## 构建只属于你的商业帝国

我们无法指导你具体联系谁、押下什么"赌注"或者在特定地区如何表现。我们的理论与假设无法帮助你保持开放的心态，因为你需要为自己制定全球化的战略。但是，填写下面的表格有助于你为下一步做准备。

## 谁、做什么、怎样做

**你的目标（地域）市场在哪里？**

提示："圣保罗。"

| | 参与者 | "赌注" | 规则 |
|---|---|---|---|
| | 参与者就是对你在新进入国家的成功起举足轻重作用的公司、机构和人 | 赌注就是你为了增加在外国市场的竞争力所必备的筹码 | 你需要充分理解当地规则，或是新地方的商业运作规则 |
| **我所知道的** | 我知道哪里有一流的人才培养基地 | 钱总是能够带我走远一点 | 当把商业计划给创业投资机构时，一定不要在商业计划书上面标注版本号 |
| **我需要知道的** | 谁能帮助我进行病毒式营销 | 如何利用我在欧洲做生意的声誉呢 | 我该如何挑选信任的人和机构 |
| **我如何才能知道的** | 我可以联系我的大学室友 | 安排与亨氏的首次会晤，听听他们对我的期待 | 参加当地的商会会议 |

**切记！** 要将需要的花销、旅途奔波以及一次次失败的尝试抛之脑后。

**本章小结——全球化**

全球化将是一个"大奖"！然而机遇与挑战并存；你需要更多的资金、更多的人，同时你需要随时做好退出游戏的准备。不要妄自菲薄，也不要目空一切。在世界不同地区，参与者、"赌注"和当地规则都将对你的商业成功产生重要影响。

**需要你回答的问题：**

1 你的商业需求是否有全球性的市场？

2 你是否确定你的公司适合走向全球？

3 你清楚自己的下一个目标市场在哪里吗？

4 你是否知道如何在一个新地方识别出当地的影响圈子？

**同步你的齿轮……与全球化齿轮同步**

能为全世界提供用户痛点解决方案是一件非常美妙的事情！一定要努力同步你的齿轮，这样你才能走向全球。

**记住**

好创意，无国界

# 第 8 章

# 团队

没有人，如何成事

让最适合的人"上车"

"那么，你在做什么？"这是很多人问新创企业的第一个问题。不过，"你的团队里有哪些？"也是同等重要的问题。没有团队成员，你无法成就大事；不知道要做什么，你无法决定成员组成。从最初开始，你就要确保团队组建处在最高的优先级。

正如吉姆·柯林斯（Jim Collins）在《从优秀到卓越》（Good to Grent）一书中观察到的那样，团队相关的一切工作都是关于"让最适合的人上车"。把你的公司看成一辆巴士，想象你正在前往目的地的路上。你对要去哪儿有个大概的想法，虽然方向可能随时发生改变，那么你会让谁和你一起去呢？你的团队必须包括：一流的专业人才；有能力去执行的人；拥有非线性思维、跳出现有框框来思考的人；并包括五种关键的人物角色。

## 聚焦世界一流人才

没有合适的人才，你的公司什么也不能做。团队中每个人的教育背景、接受的培训、经验与才能都是公司核心资产的一部分。让世界一流的、敬业尽责的人才在你身边，然后你就能启动你的"巴士"了。

## 有能力去执行

如果没有执行能力，世界上所有的天才都无法让你走远。如果不能和队友共事，或者他们在压力下容易崩溃，那么能力强、技术扎实的人也很难发挥作用！这次旅程绝不欢迎轻言放弃的人——所有车上的人都必须适应随时变化的路况、紧张的截止日期、产品测试和产品发布。为了让你的"巴士"动起来，必须确保你找到的世界一流人才能充分发挥自己的能力！

## 非线性的创造性思维

商业机会的策划者都很擅长将公司的愿景与大家的激情结合在一起。使用非线性思维，他们帮助公司找到一条光明的未来发展之路。非线性思维挑战既定事实与那些经过时间检验过的解决方案。他们打破了条条框框，来思考还未出现的事物将在何时、以何种方式被发现。非线性思维能够防止你的"巴士"总是在绕圈子！

## 五种关键人物角色

为了最大化前文提到的三个核心属性的作用，确保这些属性属于五个关键的人物角色：创新者、布道者、生产者、管理者和整合者。这些角色缺一不可。如果你缺少了哪怕一个角色，你的团队也不完整。

## 创新者

首当其冲的是创新者——他们的天才灵感会给整个企业带来火花。想想艾萨克·牛顿爵士、托马斯·爱迪生、比尔·盖茨、史蒂夫·乔布斯，他们都在各自的领域中掌握了非线性思维的艺术。如果你的团队有一位像这些人中的任何一个人一样杰出，那么你就大可放手一搏了。但是如果你和我们一样普通，不要气馁——还有希望！有一些最棒的创新方法会将新的活力注入普通的、日常的问题中来，或者给现有的解决方案带来新的灵感。

## 布道者

我们需要非常特殊的人才来抓住一个概念，视野开阔地跳出常规的条条框框，在任何合适的场合、时间，利用合适的资源对这些概念进行充分的介绍展示。这个听起来疯狂却异常重要的角色，就是企业中的布道者。布道者身上的激情、开阔的视野和无所畏惧的态度，让他们即便在企业的巴士经历了一两次撞车之后，仍能将创新者的想法转化为初创企业。

正如宗教的布道者需要向人们传递信教将会带来和平和幸福一样，企业的布道者也需要说服企业团队、客户、投资者以及其他利益相关者，让他们相信这些初创企业会走向商业的成功。那么，怎样才是一个优秀的布道者呢？作为布道者，必须要热情地关注消费者痛点（通常这会占用很多原本应该用在维系自己的亲情和友情上的时间），并能创造性地去解决这些困难。坐着经济舱、住在便宜的酒店、吃着简易的方便食品……这些都是布道者们的生活常态，因为在他们看来，比起无意义的生活开销，金钱更应该用在推动项目前进的"刀刃"上。

对于布道者来说，无论看起来多么不可能的任务都是合理的，没有什么能阻挡前进的道路。布道者是不断成长的舆论导向者，他们能就任何产品讲述出如此精彩的故事——以至于听众很愿意向朋友们复述。布道者也会遇到打击，但他们总是能在跌倒后站起来继续往前。他们清楚地知道，错误是商业过程中不可避免的，而每次失误都会让团队更加接近最终的解决方案。并不是说布道者喜欢犯错（谁会喜欢犯错呢），但是他们做好了准备去面对失败，并从中学习，甚至接受因此得到的责罚。

经营企业是压力巨大的事，尤其是一个下滑的公司压力就更大。我们的产品足够好吗？我们有足够的资金支付工资吗？会有人偷窃我们的知识产权吗？布道者们生存在一个充满了上述疑窦的环境中，却要在备受煎熬中保持从容。他们需要在绝境中展示出乐观积极的态度和幽默感，说服雇员和投资者在暴风雨般的环境中坚持到底。

## 生产者

创新者和布道者擅长启动一个公司。但是，企业"巴士"成功发动过后的维系，则需要懂得如何将创意转变为实实在在的产品/服务的人才。我们把这种神奇的人才叫作生产者。在画板上构想出某个创意，做出原型并展示给一小批早期消费者是一回事；制定出批量化生产的方案，并且在产品更新换代时同步地更新生产行为，则是完全不同的另一回事。生产者看重大批量生产的重复性，知道物流和运营的重要性。可能最重要的是，生产者以能开发有效的生产链、预期可能出现的中断并为未来的变数做准备而自豪。

## 管理者

如果创新者、布道者、生产者知道他们有彼此互补的技能，那么他们就能很好地在公司的"车库阶段"中共同工作，并能带领这个初创公司向着目标前进很长一段距离。期间他们可能会为自己以及已经取得的成就而感到高兴，直到他们得到第一个真实的订单，并从"车库阶段"转变到"成长阶段"。庆祝完之前取得的小小成就之后，公司就进入成长阶段了。

成长的问题会在企业需要更多人手去维持业务时显现出来。加入更多的员工意味着需要定义更多的角色、分配更多的任务、修订以前的方案和完成堆砌如山的文案工作。

这对于任何人来说都是一个艰难的时期，尤其是对于创新者。他们可爱而富有浪漫想象力的视野需要向现实世界妥协。当创新者身上完美的光泽被现实弄得黯淡时，企业要么成长，要么死掉。

# 咯合创业：在斯坦福学创业规划

这时候就需要管理者登场了，他们能在混乱无序的现状中制定出合理的架构。管理者需要制定日程、预算，以及公司接下来的发展规划，这些对于创建公司的筑梦者来说是很可怕的事。在管理者的组织下，数据库、行政资源也变得更稳定。

由此带来的安宁可能会持续较长一段时间，尽管生产者们努力地连接各部门，完成生产任务，但是创新者和布道者们还是免不了会在看到希望的曙光之前遭遇新的挫折。一个好的管理者此时就会意识到，尽管机构的不同组成部分在不同的发展道路上，各自的功能已经被最大化了，但是为了不让各自在压力中犯错误，解决方案是引进最后一个角色——整合者。

## 整合者

这个阶段的公司需要一个指挥中心，需要一个能和各部门协调交涉、应对各种变数和关注公司的整体战略以让整个公司步调一致的角色。

举个例子，假定企业的目标是建造一个竞技场。创新者构想出了这个宏大的目标和草图，布道者热切地传播这个消息，生产者需要开始准备建筑材料和后勤供给。管理者则是制定管理规章，

申请施工执照，并且为员工创造良好的工作环境。监督这一切工作的是整合者，他会关注工程的每一个方面，高效地协调不同职能的人员。例如，当创新者提出诸如"放弃竞技场吧，让我们建造一个虚拟的多功能建筑"之类的不合群的想法时，整合者要么温和地劝他打消这个念头，要么让他退出这个项目投入到下一个项目中。整合者是将大家凝聚在一起的关键人物。

## 组建理想的团队并不容易

我们所描绘的五种角色本质上是非常理想化的，让他们顺利沟通并且朝着一个方向努力也是一项挑战。你会在协商和辩论上花很多时间，解释每个人的不同需求，争论消费者的痛点等。这可能非常痛苦，但是不要放弃！你会进步的，事实上你会前进得比你想象的更快。那是因为不同的分工的角色保证了公司的未来。创新者带来灵感的火花，布道者和生产者创造出产品爆点，管理者为公司按时交税、控制库存、让公司在正轨上运转。同时，整合者跑前跑后，搭建起部门之间沟通的桥梁，确保公司像强壮的狮子而非孱弱的长颈鹿。

最后说一下：有时候一个团队并不一定和我们所描绘的一模一样。如果你的团队很精简且以人为本，那你可能会让一个人承担多个角色的任务。这样的模式在一段时间内是行之有效的，但是前提是那个人具有这些角色的能力。让一个成员去担任他不擅长的角色，这无疑是时间和资源的浪费。与此相反，鼓励你的团队成员去关注他们最擅长的方面，发挥各自互补的天赋、才能和非线性思维吧。

练习

## 你的团队里有谁

你可能有、也可能没有团队！关键问题是你的团队是合理的吗？

**你的团队中有谁?**

谁已经加入了你的初创公司？

**为什么?**

为什么他们被邀请加入？是因为才能、关系、资本，还是其他原因？

## 你未来的团队

好，你明白你的团队中有哪些人，以及让他们加入的原因了。下一个问题是：你还需要哪些人加入你的团队来帮助你成功？

**你的团队还需要谁？**

你认为哪里是你的团队的短板？

**为什么？**

你需要具有哪些能力的人才来弥补短板？

**谁需要离开团队？**

哪些成员加入得很早，但是却没起到应有的作用？

练习

## 组建你的团队

即将登上你企业"巴士"的团队——他们的能力是否符合能力立方图中的要求？

你计划加入团队的名单：

**非线性思维——他/她能打破条条框框去思考吗？**

提示：史蒂夫·乔布斯拥有打破旧的市场秩序，创造新市场的能力。

**执行力——他/她能完成任务吗？**

提示：他需要较少的指导，而且总是能按时完成任务。

**才能——他/她有多少才能？**

提示：这个人是她所在领域的重量级人物。

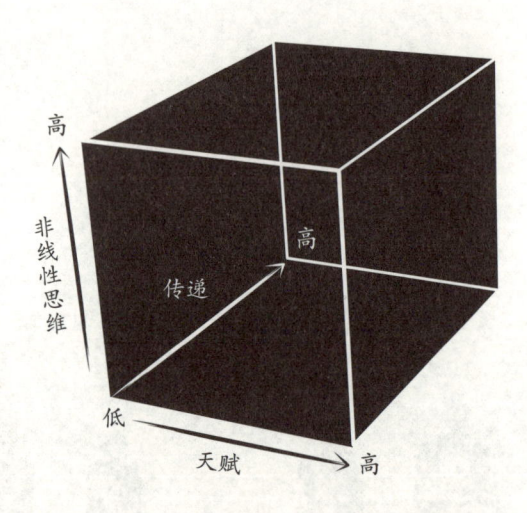

高
非线性思维
传递 高
低
天赋 高

**注意！** 让正确的人选登上你企业的"巴士"，不然你的企业哪儿也去不了。

130

## 角色

前面我们所提到的三种能力特质能被运用到到不同类型的角色之中。一个好的团队需要五种关键的角色。

**你的团队中，谁是……**

**创新者**

___

**布道者**

___

**生产者**

___

**管理者**

___

**整合者**

___

练习

## 为什么你是正确的

解释为什么你们是能够解决消费者痛点的那个团队

### 你们的能力

提示：我们有着一百年的冲浪行业经验。

### 你们的资源

提示：我们和圣克鲁兹的冲浪者联盟有着密切的联系，他们希望在下次比赛中展示我们的冲浪板。有一位 IT 界的成功人士愿意投资我们。

### 你们的热情

提示：冲浪是我们的信仰。

**注意！** 这就是你们将客观存在的商机转变为属于你们自己的机会的时候。

**本章小结——团队**

为团队找到合适的成员并非易事，不过，既然团队是你最大的资产，那么聚集一个一流的团队当然是至关重要的。确定加入你团队的成员有才能、有执行力或是具有非线性思维的能力。创新者和布道者通常是团队所需的最初角色，随着业务的开展，你需要加入生产者、管理者和整合者。然而，在你朝着目标前进，并邀请你的"梦幻团队"加入旅程之前，你应该问你自己一些问题。如果你关于其中任何一个问题的回答是否定的，你都需要重新评价你的团队。

需要回答的问题：

1　你的团队成员是否拥有世界级的才华？
2　你的成员能否进行非线性思维，是否具备执行力？
3　你是否确认团队中包含了这五种角色：创新者、布道者、生产者、管理者和整合者？

**同步你的"齿轮"，同步你的团队**

最好的团队会让每一个"齿轮"都啮合！请确认你有合适的商业团队。

**请牢记**

让合适的人选搭乘你企业的"巴士"，否则你哪儿也去不了。

第 9 章

# 现实检验

永远直面残酷的现实

只有事实听上去像真的

# 啮合创业：在斯坦福学创业规划

在这最后一个"齿轮"中，有这样一些难以回答的问题：创意是否真的会实现？那些不管是很棒的创意、糟糕的创意，还是不中看的创意有没有被落实？那些损益表中漂亮的向上斜率是真的吗？所有运转部件都是容易操作的吗？从车库中能触及全球市场吗？有多大的可能性让沃尔玛成为我们的合作伙伴？创意最后成真的可能性有多大？

做现实检验就像去问询你的商业机会，来发现你的商业机会是否符合逻辑并切合实际的。

## 打击痛处：残酷的事实

你为什么要开创这项事业？金钱、名声、财富，或者只是有解决某个痛点的强烈愿望？更重要的问题是，你准备好带着你的创意一路前行了吗？为什么这个创意会成功？大多数创意都不会成功！我们向所有怀揣梦想的人致敬，但坦率地说，数据结果可没有站在这些创业者一边。创意的弱点和优势在哪里？团队的优势是什么？当你充满激情时，你很容易推动事业前进，但仅仅有激情也是不够的。

**所以，让我们开始吧！**

## 识别风险

让我们使用"齿轮"来历数相关的风险并为之准备。至少为每一个"齿轮"识别出一种风险，然后考虑你要如何采取行动来预防此类风险发生。

第9章 现实检验

## 客户

你找到的客户痛点也会困扰家庭成员、朋友和傻子以外的人吗？我们常常听到人们只是基于他们自己的需求来提出创意，但是创意要想走得更远，必须要基于更广泛人群的痛点。还记得本书的客户"齿轮"这部分所提到的内容吗？如果你可以和他们走在一起，那么你就可以把东西卖给他们了。如果这种痛点仅是极个别客户所面对的，那就不会有市场，你所做的就不是一项事业，而仅仅是一个兴趣项目了。

## 产品爆点

你的产品真的有令人眼前一亮的地方吗，还是仅仅是你自己加了一点功能就把它称之为产品爆点？你这是在耍你自己吧？你可能会说："但是一个外形超酷的车载 iPad 托架难道不是一个很好的点吗？"但那可不是一个可持续性的产品爆点，当你的 iPad 托架生产出来的时候，你的竞争对手已经有好多种同样的产品在市场上卖了好几个月了。所以，那根本不是你的产品爆点！回过头来看，到底什么是产品爆点？你的顾客会跟他们的朋友介绍你的产品吗？

## 客户获取

在产品有了爆点后，开始考虑有多少潜在客户。哪些是你独特的销售模式，你又有哪些神奇的招数通过创新的方式招揽更多的客户？

假设我们计划在 12 个月内获得 150 名新客户，这意味着全年每周都要有 3 个新客户。让我们来做一道数学题：每周有 300 个潜在的客户，和其中至少 30 个人进行深入持久的对话，然后从其中完成每周 3 个新客户的指标。创造产品爆点是一件事，但说服别人来买却是完全不同的另一件事。你的团队有能力做到吗？记住：这可不能外包给一个电话公司或者新雇来的销售员。团队必须自己做营销直到形成了一个独特的销售模式，到那时候才可以让其他人来帮助你们分担一些工作。

### 商业模式

你如何去赚钱？你的报表里把哪些项目的成本降到了零吗？成本降到零的项目是不是足够多？仅仅降低成本不足以让你有什么骄傲的。降低了成本只能让你在成本方面做得稍微好一点，只有增加零成本的项目才算得上是重新创新了商业模式。是不是有多种收入来源？定价体系是不是够独特（这个世界不需要再多一个"产品免费而靠广告赚钱"的商业计划了）？

### 合作伙伴

谁是这个商业机会最合适的合作伙伴？他们已经加盟了吗？或者现有的合作伙伴已经足够好了？除了他们能给你带来什么，一定还要弄清楚他们在这种合作中能获得什么。

### 竞争对手

现实点！想要野心勃勃地打入既有市场是非常困难的。在甲骨文公司

所处的行业里，谁能打败它？相反，如果换个玩法，往你的竞争对手压根就没想到的方向去发展，说不定你进去的就是一片"蓝海"。

一般的人才，还是真正世界级的人才？要老实看待自己的技能和雄心。大的联盟可能需要一个不一样的团队，团队成员也可能需要替换，甚至布道者也有可能不得不去重新找工作。为什么呢？因为发展公司和创办公司需要的技能是不一样的。

## 全球化

你现在的生意是在全球开展以实现最大价值呢？还是仅仅在自己觉得最方便的地区开展？互联网是没有边界的，限制你创意的唯一原因是你缺乏愿景。

## 团队

有没有与你的机会相适应的世界一流的团队？为什么他们不加入那些业内知名的公司？团队里的人只是一

## 低风险，高回报

商业创意和执行的最大风险是什么？任何企业都伴随着风险——没有勇气就没有成功！首先，识别出风险，然后考虑如何避免最坏的事情发生，万一真的发生了，要想好该怎么应对。估计一下这种情形发生的概率也是一个明智的做法。最后，要估计一下如果哪些事情发生了，企业需要付出多大的成本。

现实看起来好像让人有点泄气！目标必须被调整一下。只要一开始就识别出了风险，三年磨一剑也是可以的。宣布产品四个月上市，却花了三年去开发这个产品，这是任何人都有可能做的傻事。不可避免的是，任何公司迟早都要报告这样一个坏消息：开发原型产品比预定的时间更长，制造工厂没能交货，市场营销的那个人脑子正好不转了，或者营销团队根本就没有接到单子。没关系，这些情况是会发生的，但别突然宣布这些坏消息。要非常老实，面对现实，要做好计划来防范可能的风险，并且当它发生时做好准备。

## 准备好担责

比如说你开始做一项能源生意，购买苏联的旧核潜艇来发电。你计划把它们安装在旧金山湾，然后开始发电。你肯定你的创意非常吸引人，但你必须在做出原型之前，打破固有思维去认真分析你的创意，你在现实检验中需要考虑以下的方面。

**1. 环境分析**

尝试识别出影响不同区域、不同市场的关键的政治、宏观经济、法规、技术和生态方面的因素。

**2. 伦理分析**

伦理分析这方面很简单，因为都是对你自己的分析。你对于计划中的业务感到满意吗？你的团队有受到伦理方面的影响吗？如果你觉得很不舒服，那么就回过头去重新修改和各个环节相关的内容。确保你对你即将推向市场的业务十分自豪。

练习

## 每一个齿轮的风险

定义每一个齿轮的风险。从你觉得对你的业务影响最大的齿轮开始。

### 描述并定义_____（例如，竞争对手）齿轮的风险。

提示：你的想法已经被竞争对手复制了。

### 你如何能避免这种情况？

提示：要申请专利。商标需要注册。代码需要保护。

### 如果这种情况发生的话，你该怎么办？

提示：调查一下是否有这样的机会：加入竞争行列，并发布你现有产品的 2.0 版本，即使新版本还没准备好。

### 可能性有多大？

提示：区别低、中、高不同的概率。

### 严重性？

提示：区别低、中、高三个级别的严重性。

你可以另附页来继续定义每个齿轮的风险。

## 关于各种恐惧的汇总

根据重要性顺序，把你识别出来的风险列在下面的图表中。

|   | 风险 | 如何避免 | 如何应对 | 可能性 | 严重性 |
|---|---|---|---|---|---|
| 1 | 流失关键员工 | 股票期权计划 | 接班人计划 | 15% | 30% |
| 2 | 产品被禁 | 游说 | 关门大吉 | 1% | 99% |
| 3 | 竞争 | 竞争 | 加强营销 | 80% | 15% |
| 4 | 外部融资 | 其他替代方案 | 其他替代方案 | 70% | 0% |
| 5 | 产品失败 | 试卖，做原型 | 买那些成为竞争对手的创业公司 | 5% | 70% |

## 起步、停止、继续

为了更快达到目标,你应该开始做什么,停止做什么,以及继续做什么?

| | 开始做 | 停止做 | 继续做 |
|---|---|---|---|
| 1 | 更多销售活动 | 向咨询公司请教<br><br>(花费资源和精力) | 激励团队 |
| 2 | | | |
| 3 | | | |
| 4 | | | |
| 5 | | | |

**本章小结——现实检验**

没有人真正愿意花费时间和精力去发现一个创意的错误之处，尤其是当一切都运转良好的时候。我们知道，做这样的事有多令人灰心，但这却是必须要做的事情。要分配资源去识别风险，注意观察公司运营的警示板，了解何时需要作出调整。如果你花时间在做现实检验并对一切都有所准备时，那么，即使未来出现问题，你花费在检测问题、采取行动和纠错上的时间将会大大缩减。

最后但也可能是最重要的事情：

1. 你对公司运营做过数学计算吗？
2. 你知道可能会出现什么问题吗？你知道怎样避免吗？
3. 如果问题发生的话，你会怎么做？
4. 这些问题对于公司有多严重？
5. 问题发生的可能性有多大？

**同步你的"齿轮"，和现实检验同步**

把每一个齿轮都与现实检验这一环同步！它对于你避免和降低风险会产生巨大的作用。

**记住**

直面残酷现实，然后采取行动。

# 第 10 章
# 同步你的"齿轮"

让齿轮旋转起来吧

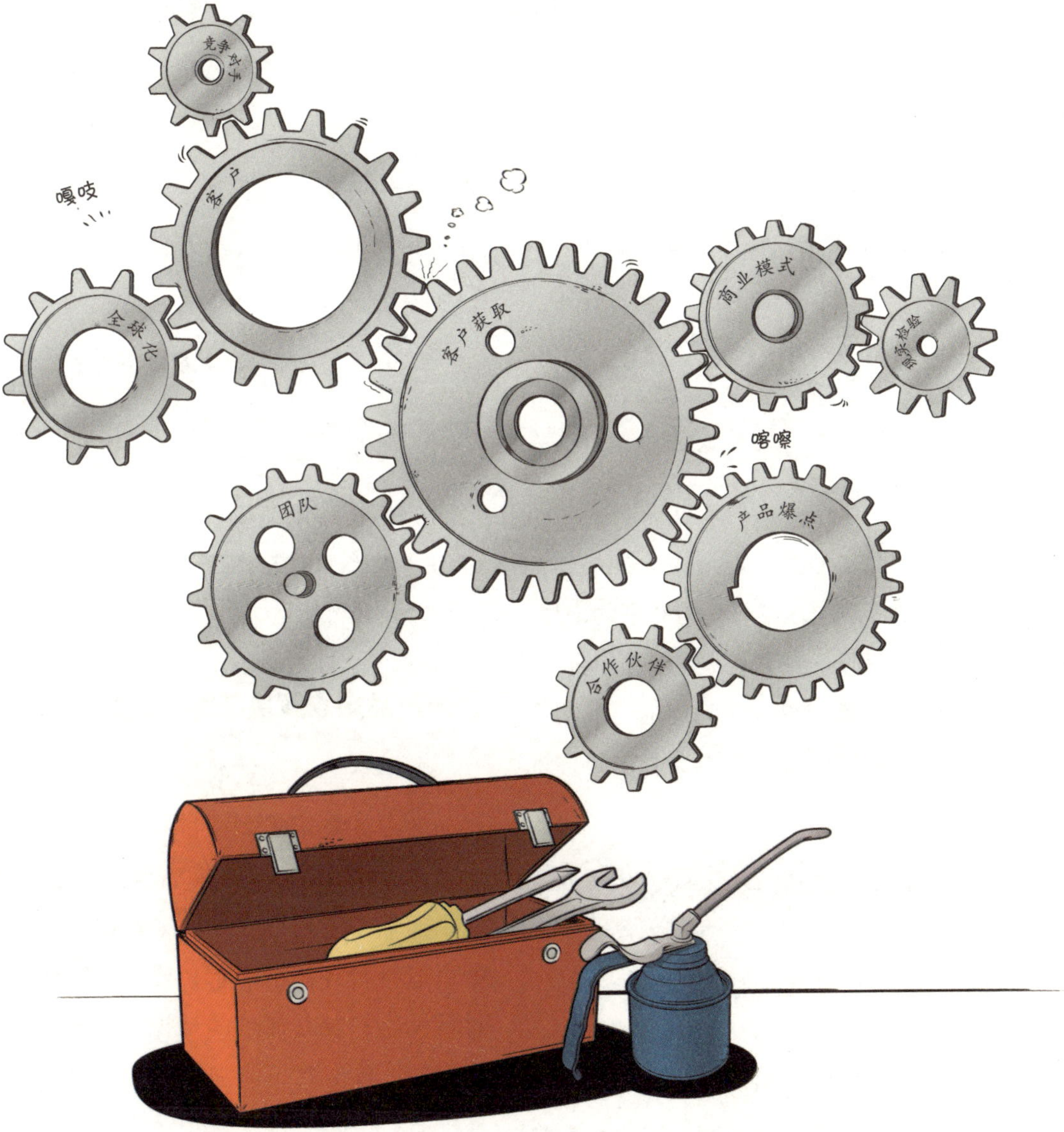

竞争对手
嘎吱
客户
全球化
客户获取
商业模式
现实检验
喀嚓
团队
产品爆点
合作伙伴

# 啮合创业：在斯坦福学创业规划

很难找到每个齿轮的边缘吧？我们希望你能很快理解这个框架的基本理论，但事实上是，创业是很难的！它需要花一辈子的时间去钻研。即使你已经能够理解并应用每个齿轮的概念，还有非常重要的一步要做：将所有的齿轮同步，并将它们作为一个整体来把握。

假设你改变了一个齿轮运转的方向，或者有一个齿轮卡住了，那么你的整个进程可能被推迟，甚至整个项目会被终止。因此，你接下来应该做的，就是来检查一下各个齿轮间的相互作用关系，并将所有齿轮像钟表发条一样工作起来。

我们之前有意地避免谈到具体如何指导你应用这本书，但在书的末尾，我们会给你一些建议，帮助你同步商业中的每个齿轮，并为你的商业机会建立独特的以客户获取为核心导向的战略。

记住，正是因为不同齿轮之间的相互作用，你创意中每个潜在的不协调都会变得非常明显。仔细检查一下下面要提到的齿轮间的接触点，牢记你在现实检验时内心的真实评价，然后仔细审查潜在的问题。解决这些问题，做出必要的修改，并再次审核。

我们十分强调这种审核的重要性：关注齿轮间的相互作用关系能够影响你商业机会的成败。

接下来，我们来审核几个齿轮的接触点，以便让你上手。对于你的商业机会，你可能也要去检查其他齿轮之间的相互作用关系。难点在于如何聚焦到正确的相互作用上，并有效地用好时间和资源。

## 你的产品爆点解决了客户的痛点吗

第一个需要注意的相互作用就是产品爆点和客户痛点：目标客户的痛点与相应的解决方案能否让客户满意？如果不能的话，你要么调整产品爆点以符合客户的需求，要么调整你对目标客户及其痛点的认识。在现实生活中，你通常可能需要两点都要调整一下。

## 同步你的销售模式

这三个齿轮——产品爆点、客户获取与商业模式——是你的创建商业机会的核心。当三者捆绑在一起的时候，我们称之为你独特的销售模式。这三个齿轮在中心的原因很简单：即使有一个巨大的潜在客户群，即使客户痛点也显而易见，但如果你不能让这三个齿轮像一个整体一样旋转，并形成有效的销售模式，那你的创意也不可能成为一个能盈利的商业项目。

现在我们来看看这些核心齿轮重叠的区域是否存在阻碍同步旋转的阻力。如果你用产品爆点来保持客户忠诚度与吸引新客户，你可以获益很多并能节省资源和时间。你如何把产品爆点加到你获取和保持客户的方法中呢？你怎么能保证客户从第一次接触你，到使用你的产品或服务的整个过程都面带微笑呢？

太常见的情况是，在开发商业机会的过程中，客户获取总是被看成独立于其他企业活动的一项工作。在很多公司，直到最后（太迟了）才有销售和营销经验的人加入到这个团队中来，即使这样，创始人和工程师们还常常对此抱怨。这可绝对不是开发商业机会的明智做法！客户获取本应该是一个项目赚钱和降低成本不可分割的一部分。客户获取是一个企业是否快乐的重要因素。没有客户，就没有收入，也就没有乐趣。

在一个商业模式中，有很多可以应用产品爆点的方法。在赚更多钱或降低成本的同时，要思考如何能够改善用户体验。一个建议就是去掉那些不确定是否会对客户需求金字塔（功能、效率、产品爆点）有益的部分。要质疑你所提供的每项功能："这个真的能增加我们产品或服务的价值吗？"

现在是时候将所有齿轮同步了。当你向前发展时，将这三个销售模式相关的齿轮——产品爆点、客户获取与商业模式——当成一个整体的齿轮对待。如果因为某些原因，你意识到你的销售模式没能同步，那么你必须返回分开这三个齿轮，并再次将它们同步。

练习

## 同步你的齿轮

　　在前面的章节里,我们主要集中将各个齿轮的性能最大化。现在需要将整体性能最大化并让所有齿轮协同运作。如果其中一个齿轮卡住了,它就可能会危及整个业务。因此,你要怎样才能令你的所有齿轮都同步,以让它们更快地运转呢?

### 客户获取与团队:这两个齿轮同步吗?

　　提示:你有一个精于技术团队,但他们缺乏获取客户的经验。

### 你如何解决这个问题?

　　提示:谷歌搜索一下:Sale is math(销售即数学)。"与其将一名销售员培训成一名技术员,不如将技术员培训成销售员。好的销售是根植于产品之中的。"

让你的齿轮同步起来!

150

**商业模式与客户获取——这两个齿轮同步吗?**

提示:高定价会急剧增加客户获取的成本。

**你如何解决这个问题?**

提示:一家有线电视公司将高昂的固定价格变成每月订阅。这就降低了客户获取的成本,同时也增加了从客户那里获得的总收益。

让你的齿轮同步起来!

商业模式

客户获取

## 你与合作伙伴合作的方式会让你独特的销售模式更独特吗

好的合作伙伴是值得争取的。认识到合作伙伴如何对你们公司销售模式作贡献，这可以给商机评估带来真正的突破。挑战你的合作伙伴，也挑战你自己，思考他们如何能够使销售模式更加独一无二的：他们能在他们的销售中出售你的商品、帮你获得更多的客户吗？能不能把你产品的爆点和他们产品的爆点捆绑在一起，从而使双方商品都能增加价值呢？你能通过增加与合作伙伴的互动让报表中更多的成本项变成零吗？你能通过调整商业模式来增加你们双方的收益吗？

如果你不能确信我们迄今所涉及的那些齿轮已经能协同工作，那你就没有必要再继续往前做了。也许你可以暂时开你自己和团队的玩笑，但如果你前面的没有做对，当你真正执行你的商业机会的时候，现实会给你惨痛一击。

**当你准备好了，那就继续往下看吧！**

（不要试图前进太快，那是自欺欺人。）

## 你准备好全球化了吗

或许你已经决定了不想全球化，那也没关系。从我们的经验看来，如果有企业对全球化很犹豫，那多半是企业现有的销售模式不具有全球竞争力，或者他们还需要证明其解决方案能够解决客户的痛点。

如果你真的不想进军国际市场，那么你可以跳过这个步骤，直接跳到最后一个齿轮的步骤。如果你确定你想全球化，或者哪怕有些小的冲动想去做，那么这个齿轮与之前所有齿轮的同步就变得极其重要。可能你之前所有步骤都是正确的，但一旦你选择了要进入国际市场，那么所有之前的步骤都得再以全球化的角度重新审视。你需要从头开始，一步步再次检查每个齿轮（要是你之前的工作都做得彻

## 第10章　同步你的"齿轮"

继续，回头检查，再向前进，不要犹豫，勇往直前吧。遇到挑战与障碍，不要退缩——这会塑造你的性格并让你的商业机会变得更加强大。

### 采取行动

在寝室里、车库里、办公室里，你已经独自待了很久了吧。但运气不会自己上门，你必须走出去，让自己变得幸运。你有独特的以客户获取为中心的策略，加上你有解决客户痛点的动力，这便能推动你向前。你需要去实际执行已经完成的计划了。没有人能代劳，如果运气好的话，你能找到几个陪你一起行动的人。

### 犯错误

世上很少有完美的解决方案或策略能一次击中"靶心"。在你采取行动的时候，就要预料到会犯错误。最好的商业策略都是失误以及与客户、合作伙伴、竞争对手、团队成员互动后积累的教训的结果。托马斯·爱迪生曾说过："很多人生命中的失败，是因为他们不知道自己在放弃时，其实已经离成功不远了。"

底的话，现在也应该不会有麻烦）。没有捷径，所以我们重新再来一次——这一次我们将考虑整个全球市场！太棒了！现在你不仅有了独特的销售模式，还进一步创建了一个独特的面向全球化的销售模式。如果这些方法都得当的话，那么整个世界都在你的脚下。简直太酷了！

你知道接下来要做什么……

### 旋转齿轮吧

目前为止，你应该能够把握你需要关注的齿轮间的相互作用关系了吧。

## 啮合创业：在斯坦福学创业规划

### 庆祝成功

我们常常没有为我们的成功欢呼，但其实我们在前进的道路上庆祝每一次成功，尽管只是小小的成功，但都是有益的。不要担心高呼"万岁"会给你带来厄运，当然这也不会帮你避免下一个错误（因为错误总是会发生的），但拥有积极的态度会让未来有更多的成功。

### 没有终点

从一个商业创意成长为一个成功的企业是一个漫长的旅程，而且没有明确的目的地。商业的艺术在于细微调整所有九个齿轮并不断地迭代重复。在你多次修改后，你的 A 计划可能会被遗忘；当你真正启动的时候，差不多就是 G 计划了。今天我们看到的很多成功企业也都不是一蹴而就的。相反，它们都经历了很多小失败和错误才走到今天。所以要想成功，你得犯错误，并从中学习。

成功的创业者和高管们都能理解并解决所有齿轮上的困难，从而让这些齿轮成功同步。他们对于解决客户痛点有坚定的决心，他们从一个齿轮到另一个齿轮，创造出最好的整体解决方案。我们注意到很多企业、创业者和高管失败了，就是因为他们将重心只放到一个齿轮上。只在一个齿轮上做到最好，这是不够的！你必须同时在这九个方面都做到优秀。

最后，商业就是要胜利，我们也希望此书能够帮助你获胜。

第 10 章　同步你的"齿轮"

## 挑战：同步所有的齿轮

最基本的要求就是要将所有齿轮朝着正确的方向运转。商业是一场艰苦的游戏。你可能认为你已经了解了所有的齿轮，但是要将它们同步起来可能需要一生去掌握要领。假设你改变了其中一个齿轮的方向，那么你的商业进程可能会因此耽误甚至终止。

你在哪里发现了最大的摩擦阻力？以及哪些齿轮能很好同步运转？

**齿轮间运转顺利的标记"✓"：**

**齿轮间运转有问题的标记"×"：**

如果标记"×"的话，请回到之前的章节中，重新检查前面的工作，以保证能去除齿轮间的摩擦阻力。

|  |  |  |  | 商 |
|---|---|---|---|---|
|  |  |  | 客户获取/商业模式 | 客 |
|  |  | 产品爆点/客户获取 | 产品爆点/商业模式 | 产 |
|  | 客户/产品爆点 | 客户/客户获取 | 客户/商业模式 |  |

客户　　　产品爆点　　　客户获取　　　商业模式

|  |  |  |  | 团队 / 现实检验 |
|---|---|---|---|---|
|  |  |  | 全球化 / 团队 | 全球化 / 现实检验 |
|  |  | 竞争对手 / 全球化 | 竞争对手 / 团队 | 竞争对手 / 现实检验 |
|  | 合作伙伴 / 竞争对手 | 合作伙伴 / 全球化 | 合作伙伴 / 团队 | 合作伙伴 / 现实检验 |
| 合作伙伴 | 商业模式 / 竞争对手 | 商业模式 / 全球化 | 商业模式 / 团队 | 商业模式 / 现实检验 |
| 合作伙伴 | 客户获取 / 竞争对手 | 客户获取 / 全球化 | 客户获取 / 团队 | 客户获取 / 现实检验 |
| 合作伙伴 | 产品爆点 / 竞争对手 | 产品爆点 / 全球化 | 产品爆点 / 团队 | 产品爆点 / 现实检验 |
| 合作伙伴 | 客户 / 竞争对手 | 客户 / 全球化 | 客户 / 团队 | 客户 / 现实检验 |

伙伴　　　　竞争对手　　　　全球化　　　　团队　　　　现实检验

Gear Up: Test Your Business Model Potential and Plan Your Path to Success

ISBN: 978-0857085627

Copyright © 2014 GEAR UP VENTURES AB

Simplified Chinese version © 2016 by China Renmin University Press.

Authorised translation from the English language edition published by John Wiley & Sons Limited. Responsibility for the accuracy of the translation rests solely with China Renmin University Press Co., and is not the responsibility of John Wiley & Sons Limited.

No part of this publication may be reproduced in any form without the written permission of John Wiley & Sons Limited.

All Rights Reserved.

本书中文简体字版由约翰·威立父子公司授权中国人民大学出版社在全球范围内独家出版发行。未经出版者书面许可，不得以任何方式抄袭、复制或节录本书中的任何部分。

本书封面贴有 Wiley 激光防伪标签。

无标签者不得销售。

版权所有，侵权必究。

# 啮合创业模型

啮合创业模型是全景蓝图式创业规划指南，孕育于硅谷，成熟于世界顶级学府斯坦福大学，并经受了全球无数创业者的成功检验。

啮合创业模型包括九大齿轮，分别是客户、产品爆点、客户获取、商业模式、合作伙伴、竞争对手、全球化、团队和现实检验。这些就是商业走向成功最重要的且一定有效的因素。

# 齿轮1 客户

没有客户，何谈成功？所以，你必须清楚，客户究竟想要什么。

## 客户的痛点是什么？

客户的痛点是困扰他们很久的问题。

# 齿轮1 客户

## 如何识别客户的痛点

- 走出舒适的办公室，观察或者直接去问未来的客户；
- 先做产品原型，销售，获得反馈，然后迭代升级，看看你的产品是否真正解决了客户的痛楚。

# 齿轮1 客户

把信息传给团队，针对痛点，创造出成熟的、可以市场化的解决方案。

# 齿轮 1　客户

获得第一批客户以后，你需要跨越鸿沟，进入大众市场。

你的产品定位要从以创新者和早期采用者为目标，转变为以大众市场需求为目标。

**早期的客户是如何描述的？　大多数客户的真正需求是什么？**

# 齿轮1　客户

## 跨越鸿沟

这就是你的挑战：将你的产品定位从以创新者和早期采用者为目标转变为以大众市场需求为目标，从而跨过这道鸿沟。

**你现在的产品**

提示：有许多按钮的遥控器

**你的产品的巅峰时刻**

提示：只有一个按钮的方便操作的遥控器

**衡量"跨越鸿沟"时需要做哪些事**

**在图上标出现在你产品的位置**

创新者　早期采用者　鸿沟　早期大众　后期大众

# 齿轮1　客户

## 你必须清楚回答这些问题：

1. 你是否发现了很多潜在客户存在一个共同的痛点？（你是怎么知道的？）
2. 你和你的团队是否对解决这些问题有很高的热情？
3. 你是否知道你的第一批客户是哪些人？
4. 你是否能提供解决客户痛点的产品原型？
5. 时机到来时，你是否做好准备跨越这道鸿沟？

# 齿轮 2　产品爆点

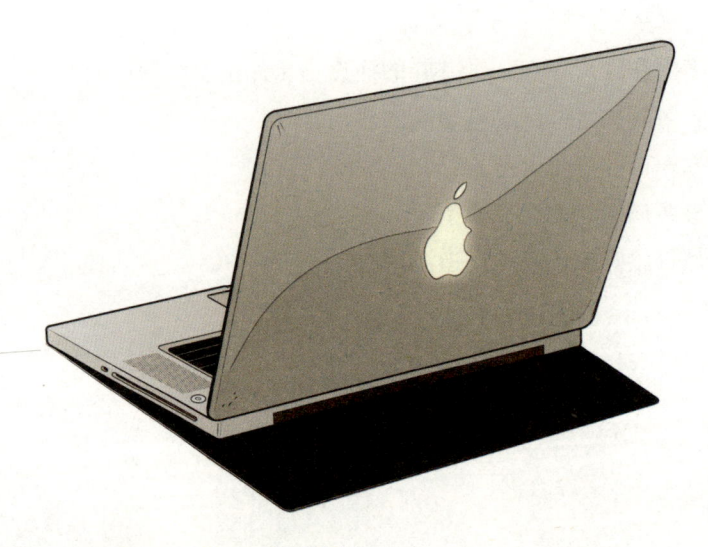

创新，绝不是模仿。

产品的竞争优势就是产品的"爆点"。

# 齿轮 2　产品爆点

客户想要的是：

炫目的产品展示？ NO!

酷炫的营销噱头？ NO !

你的产品必须有爆点，必须解决客户的问题！

## 基本功能 + 效率 + 产品爆点才能博得满堂彩！

哇！这么牛！

爆点

效率

功能

# 齿轮 2　产品爆点

## 如何制造产品爆点
- 产品爆点是不断创新的结果。
- 并且你的产品爆点难以被效仿。

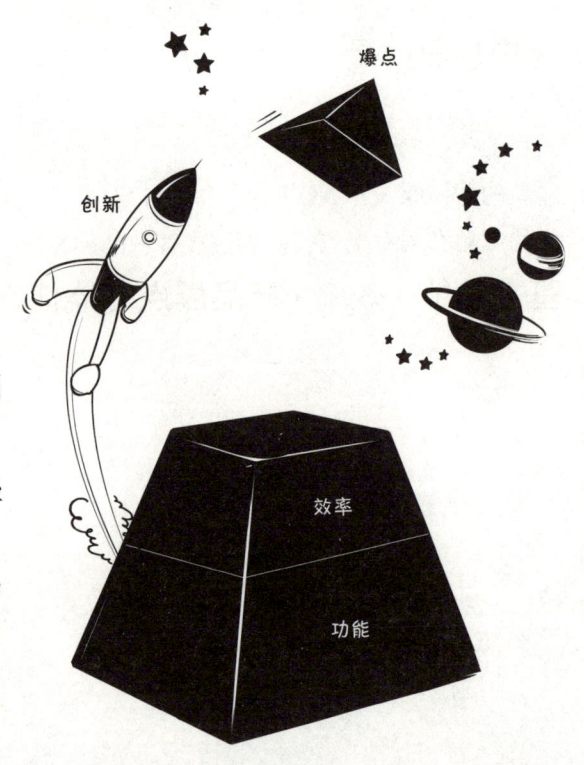

## 你要问自己：

你是否已经越过功能和效率阶段，为你的客户制造了惊喜？

你是否已经在竞争中占据了领先地位，是否已经改变了游戏规则？

你如何保证你的产品爆点简单明了，让你的客户可以介绍给自己的亲戚朋友？

# 齿轮 2　产品爆点

## 将产品爆点传达给客户

　　人们通过讲故事来传播产品爆点。不仅要讲故事，还要站在客户的角度，聆听他们的故事，这会帮助你开发出一个流畅的故事。

# 齿轮 2　产品爆点

如果你能创造出流畅的产品故事,不仅客户,连投资人、渠道合作伙伴甚至竞争对手都会成为你的义务宣传者。

## 齿轮 2　产品爆点

### 你必须清楚回答这些问题：

1. 你了解客户的需求金字塔吗？
2. 你是否有一个产品爆点，能够让你的产品远远领先于其他竞争对手？
3. 你是否已经准备好了一系列流畅的故事？
4. 你的客户是否已经在分享这些故事了？换句话说，你是不是已经开始为产品造势了？
5. 你在测量你的产品爆点了吗？

# 齿轮 3  客户获取

商业中最关键的部分就是你怎样获取更多的客户。

客户获取实际上就是消费频率、产品爆点和利润。

# 齿轮 3　客户获取

销售是唯一能够获取客户的途径。

你必须提高"消费频率"，去敲客户的门吧，不管是现实的门，还是网络世界的"门"，敲 200 次得到的客户绝对比敲 100 次得到的多。

通过销售中的创新，你能够达成更多交易。

# 齿轮 3  客户获取

## 管道模型

- 获取客户的过程就像一个管道传递的过程。

- **客户分得越细**，潜在客户就越有可能成为实际购买者。

# 齿轮 3　客户获取

- **产品爆点**是你管道传递的一部分。向客户**说明你的产品爆点**。
- 找到客户是如何进入和流失的，**修补漏洞**。
- 与团队确认客户是否对消费体验满意，他们是否会主动传播这种体验。
- **销售永远不停止**。销售不仅可以获取客户，也可以保留客户。

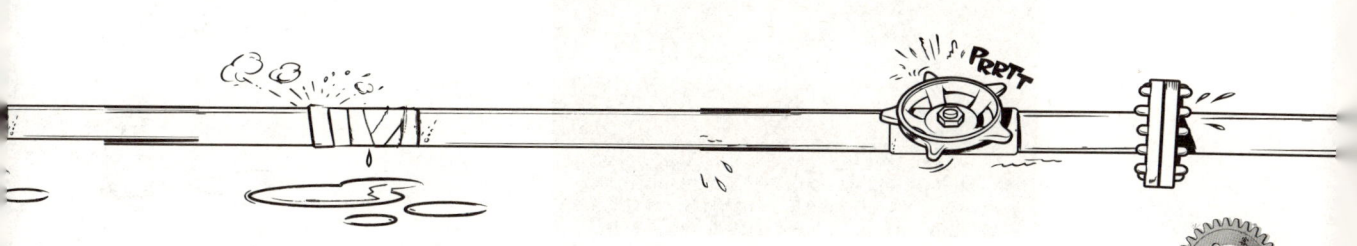

# 齿轮 3　客户获取

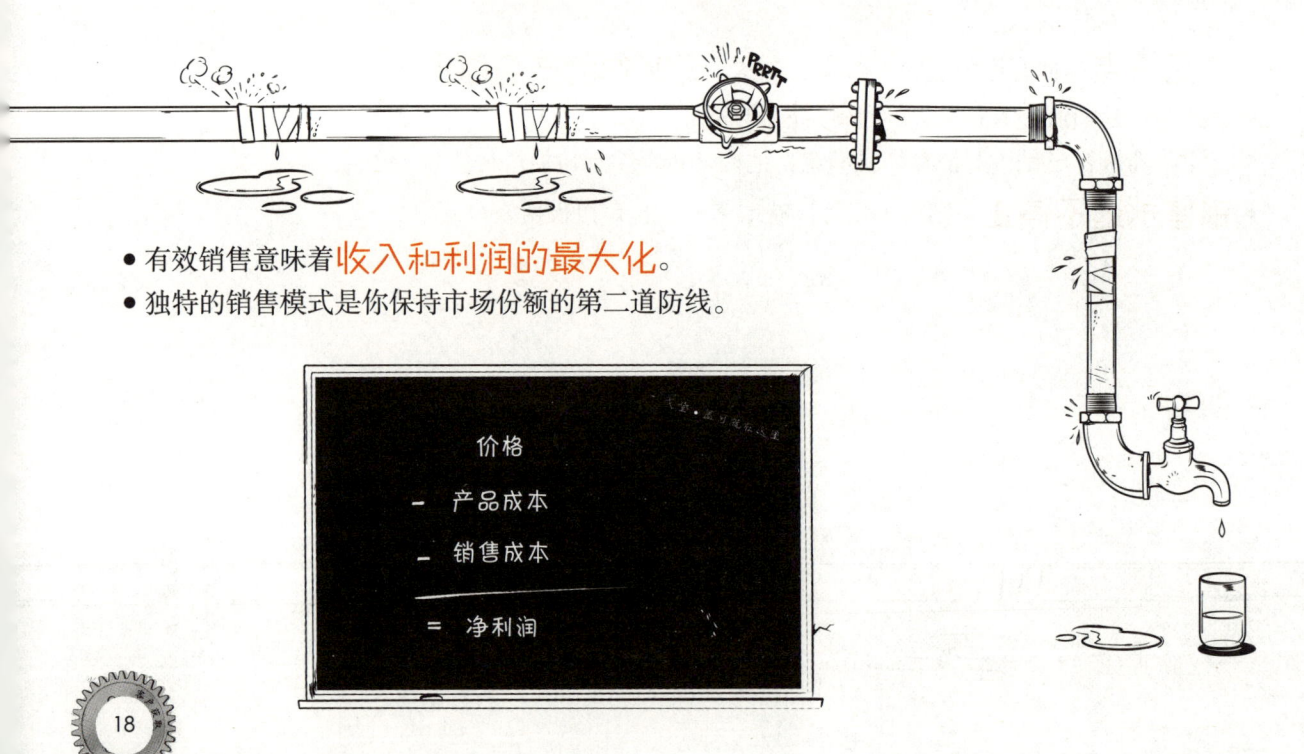

- 有效销售意味着收入和利润的最大化。
- 独特的销售模式是你保持市场份额的第二道防线。

　　价格
　－ 产品成本
　－ 销售成本
　＝ 净利润

# 齿轮 3　客户获取

当产品爆点降低，那就开发另一种更好的产品，它将拥有一个新的引爆点、不同的销售模式和一个改良的盈利计划，从而扩大已有的客户群。要在客户获取成本最小化上更有效率。

# 齿轮 3　客户获取

## 你必须清楚的问题：

1. 你了解你的客户管道吗？
2. 你的销售模式独特吗？
3. 你知道如何最好地降低成本、减少客户流失和最大化客户终生价值了吗（指上述三者的有机平衡）？
4. 你拥有的团队能否平衡每个产品的消费频率、产品爆点和利润？
5. 同步你的"齿轮"，跟客户获取同步。

# 齿轮 4　商业模式

将你的努力转化为现实收益。

# 齿轮 4 商业模式

- 数字是评估商业最有效的途径。
- 成本是不可避免的,但是你可以消除其中的一部分!尽可能将各种成本降低至零,"零的博弈"是一个很重要的战略。
- 也许你能因此改变整个行业的游戏规则。

# 齿轮 4　商业模式

**定价**：成本导向定价法和价值导向定价法。

如果你的产品爆点非常高，就要采用价值导向定价法。

**损益表**：excel 表格足以计算出你的成本和利润。

● 深入分析客户获取总成本和客户终生价值数据，确保合理分配了资源。

# 齿轮 4　商业模式

**制订商业计划**：把数字转换为现实。

- 首先，进行**敏感性分析**。

**问自己**：基于面前的这些数字，哪些因素将会对未来事业的成功产生最大的影响？

不要轻易增加成本，**先做计算**。

|  | 第1年 | 第2年 | 第3年 |
|---|---|---|---|
| 客户数量 | | | |
| 价格/销售单位 | | | |
| 总收入 | | | |
| 可变成本/单位 | | | |
| 客户获取总成本 | | | |
| 固定成本 | | | |
| 总成本 | | | |
| 总收入－总成本＝息税前利润（EBIT） | | | |

# 齿轮 4　商业模式

为了度量是否有效利用了时间和资源，设定量化的目标。

将目标有效传达给团队成员，确保每个人都在实现目标的正确道路上。

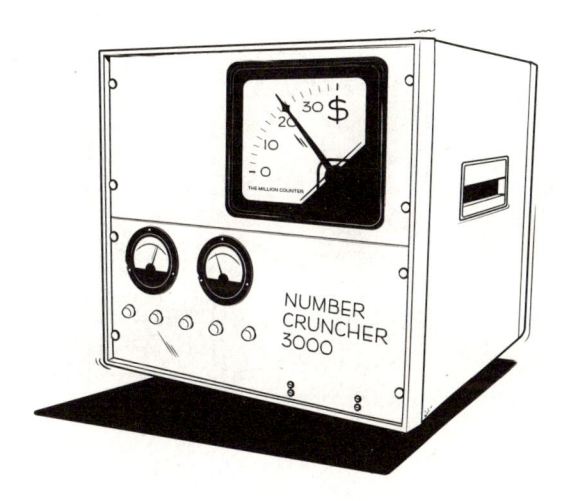

# 齿轮 4　商业模式

- 确保找到*新收入源*的时候，可以提升产品爆点。

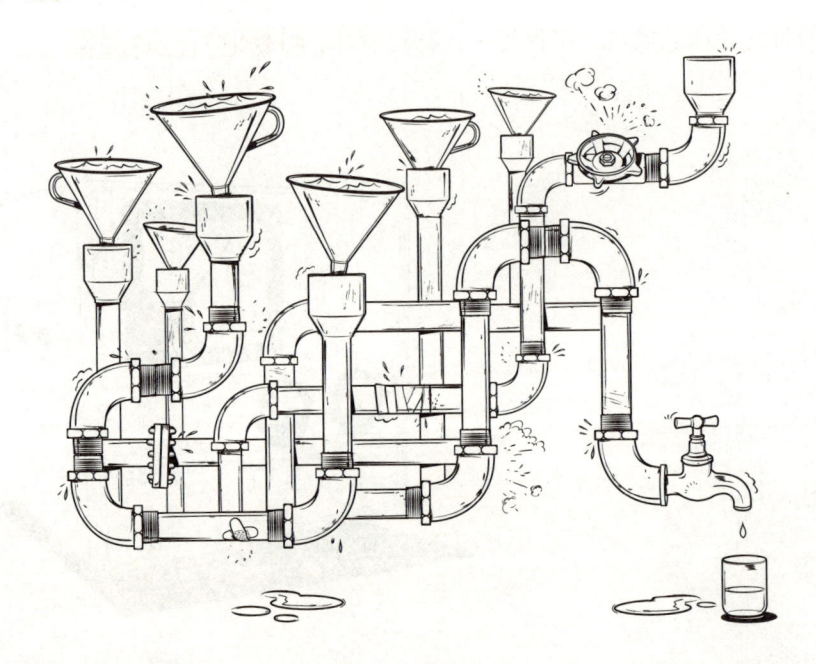

# 齿轮 4　商业模式

## 你必须清楚的问题:

1. 零的博弈你玩得怎么样?
2. 你已经决定了正确的定价策略了吗?
3. 你已经有了计算成本所需要的数据吗?
4. 你为自己的事业设定了一些清晰的目标了吗?
5. 你是否很好地监控了你的时间和资源使用情况,并在必要的时候进行调整呢?

# 齿轮 5　合作伙伴

没有哪家公司是一座孤岛。

永远不要尝试自己搞定一切!

# 齿轮 5　合作伙伴

- 找对合作伙伴。弄清楚谁爱你，谁恨你。名气和亲疏与能否合作成功关系不大。
- 你的生意的每一个环节都要有合作伙伴。
- 合作双方越能互补，合作关系价值越大。
- 合作双方必须对各自的付出和所得达成共识。

# 齿轮 5　合作伙伴

- 仔细<u>评估</u>各种类型合作伙伴，确保建立<u>最佳的合作关系</u>。

|  | | | |
|---|---|---|---|
| ++ | 侏罗纪合作伙伴 | 爱或恨 | 有战略意义的合作伙伴 |
| + | 垃圾邮件型 | 好 | 军火型 |
| − | 剧毒型 | 玩伴型 | 值得学习的合作伙伴 |
|  | − | + | ++ |

合作伙伴确保你的收入的潜力 ↑

合作伙伴帮助你改进产品爆点的潜力 →

# 齿轮 5  合作伙伴

- **玩伴型**：可以帮助你宣传商品或服务，但随着时间推移，你会逐渐不再需要。
- **值得学习型**：帮你更好地理解自己的商品或服务，对你的收入没有显著影响。
- **垃圾邮件型**：以最小成本帮你广为宣传，类似于脑残粉，要注意。
- **军火型**：你的产品可以帮助他打击对手，与这类伙伴密切合作。
- **侏罗纪型**：他们只做对自己有意义的事情。你要确信你不只是他们的供应商。
- **爱或恨型**：细心监控合作伙伴的发展方向，一旦自己的地位有所动摇，及时应对。
  - **战略意义型**：合作双方实力相当，都能得到丰厚的好处。
  - **剧毒型**：以友好的方式终止合作。

# 齿轮 5　合作伙伴

一段成功的战略意义合作伙伴，双方都能得到丰厚的好处。

完美的合作伙伴会让你的产品爆点更加清晰，并给你带来更多的客户。

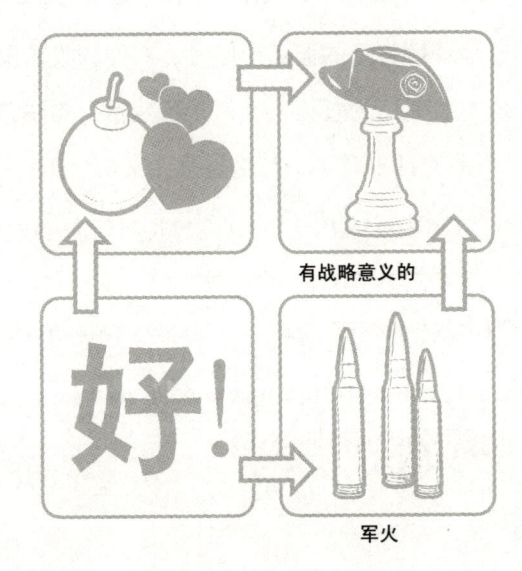

**有战略意义的**

**军火**

# 齿轮 5　合作伙伴

- 可以用你自己的情况来替换。

## 合作伙伴付出 – 回报表

| 可能为合作伙伴关系而付出的筹码 | 合作伙伴能够付出的<br>移动网络运营商 ← 游戏公司 | 合作伙伴能得到的<br>游戏公司 ← 移动网络运营商 |
|---|---|---|
| 科技<br>（产品、平台和处理技术） | 提供基本设备 | 新的内容 |
| 资源<br>（资金、时间、人才和知识） | 资金 | 新的产品 |
| 人际关系<br>（客户、渠道、投资者、政府） | 广泛分布的销售渠道 | 提供服务的内容 |
| 口碑<br>（受关注度、可信度、品牌价值） | 稳定、大规模 | 有趣的图片 |
| 产品爆点<br>（向对手学习、提升产品价值） | 由世界上规模最大的运营商为用户提供游戏 | 长期为运营商的用户提供最新、最酷炫的游戏 |
| 能促成或毁掉合作伙伴关系的因素 | 通过运营商的网络来获取用户 | 有更多的收入 |
| 关键人物之间是否志趣相投<br>（文化、性格、个性、价值观） | 理解当地文化 | 理解年轻的用户群 |
| 企业愿景与战略<br>（目的、使命、追求的价值） | 企业成长 | 青少年用户市场 |

# 齿轮 5　合作伙伴

## 你必须清楚的问题：

1. 你知道谁爱你、谁恨你吗？为什么？
2. 你是否已经准备好欢迎爱你的合作伙伴们，并保护自己不受恨自己的合作伙伴的伤害？
3. 你知道你的合作伙伴们将如何为你的收入和产品爆点做贡献吗？
4. 你与合作伙伴的付出和回报是否能够产生明确、有吸引力的合作伙伴关系的价值定位？

# 齿轮 6  竞争对手

- **竞争永远存在**，即使你的产品独一无二。
- 别被他们的存在吓唬到，但请**时刻保持警觉**。
- 不是大鱼吃小鱼，就是快鱼吞慢鱼。

## 齿轮 6　竞争对手

**分辨竞争类型**

你是在 <u>红海</u> 中撕杀，还是在 <u>蓝海</u> 中畅游？

**如果你在红海中，就必须快速成长，你要知道：**
- 哪些客户是我能从别人手中抢过来的呢？
- 我怎样才能说服他们改变习惯、购买我的产品，而非继续购买其他企业的产品呢？

红海

# 齿轮 6　竞争对手

如果你身处蓝海，那么你必须创造客户需求。

同时，你必须让产品有特色，并缩减成本。

要想在蓝海中成功，产品爆点必须和红海中的产品爆点截然不同。

蓝海

## 齿轮 6　竞争对手

- 在红海中，你要擅长**超越对手**。
- 在蓝海中，你要擅长**改变游戏规则**。

做一个游戏规则改变者，客户就会蜂拥而至。

当你的蓝海变红海时，要么保住你的地位，要么游向另一片蓝海。

# 齿轮 6　竞争对手

## 创新者的窘境

- 超越对手者迟早会被游戏规则改变者打败,因为游戏规则改变者的颠覆性技术或发明打破了既有的市场规则。
- 大多数游戏规则改变者失败了,但总有一个会成功。

# 齿轮 6　竞争对手

## 你必须回答的问题：

1. 如果你是游在一片红海中，你的"电池"是否充好了？
2. 你知道自己应该怎样超越对手吗？
3. 如果你的业务是在一片蓝海中，你是否已经创造出了一种广为普及的产品爆点？
4. 你提供给客户的东西足以让你成为一个游戏规则改变者吗？

# 齿轮 7　全球化

在全球扩展你的业务。

当你的企业走向全球时，它将带来巨大的差别。

# 齿轮 7　全球化

- **当你决定扩张业务时，你需要考虑诸多因素有：**

　　如，现有的销售方案在新市场是否可行？

　　　　你的团队成员是否需要调整？

- **走向世界舞台时，你必须铭记三点：**

　　第一，将业务向全球扩张所需要的周期可能远比你所想象的要长。

　　第二，不要低估全球扩张所需耗费的精力。

　　第三，确保你对业务扩张的全程掌控，根据情况随时做好终止的准备。

# 齿轮 7  全球化

- 全球化对游戏规则改变者和贯现有游戏规则下的超越对手者有巨大差别。
- 不要企图做兼而有之的公司，选择一种全力以赴！
- 无论是哪种，理解"谁在做、做什么、怎样做"都是十分重要的。

| 标准 | 全球化 | 不知道 | 留守国内 |
|---|---|---|---|
| **客户与痛点**<br>（大多数目标客户在国外，因此这个痛点是全球性的） | ☆ | | |
| **产品爆点**<br>（我们的产品爆点是全球性的） | | ☆ | |
| **商业模式**<br>（优势可以在其他市场中得到进一步的发挥） | | ☆ | |
| **合作伙伴**<br>（我们有热爱我们的合作伙伴） | | | ☆ |
| **竞争**<br>（在他人行动之前抢占先机十分重要） | ☆ | | |
| **走向全球**<br>（我们的领导人有全球化所需要的独特技巧与关系网络） | | ☆ | |
| **团队**<br>（团队的使命是建立全球性公司） | | | ☆ |

# 齿轮 7 全球化

- 能**为全世界提供用户痛点解决方案**是一件非常美妙的事情!
- **全球化**意味着要充分了解**参与者、"赌注"和规则**。

你的目标(地域)市场在哪里?

提示:"圣保罗。"

|  | **参与者**<br>参与者就是对你在新进入国家的成功起举足轻重作用的公司、机构和人 | **"赌注"**<br>赌注就是你为了增加在外国市场的竞争力所必备的筹码 | **规则**<br>你需要充分理解当地规则,或是新地方的商业运作规则 |
|---|---|---|---|
| 我所知道的 | 我知道哪里有一流的人才培养基地 | 钱总是能够带我走远一点 | 当把商业计划给创业投资机构时,一定不要在商业计划书上面标注版本号 |
| 我需要知道的 | 谁能帮助我进行病毒式营销 | 如何利用我在欧洲做生意的声誉呢 | 我该如何挑选信任的人和机构 |
| 我如何才能知道的 | 我可以联系我的大学室友 | 安排与亨氏的首次会晤,听听他们对我的期待 | 参加当地的商会会议 |

**切记!** 要将需要的花销、旅途奔波以及一次次失败的尝试抛之脑后。

# 齿轮 7　全球化

## 你必须回答的问题：

1. 你的商业需求是否有全球性的市场？
2. 你是否确定你的公司适合走向全球？
3. 你清楚自己的下一个目标市场在哪里吗？
4. 你是否知道如何在一个新地方识别出当地的影响圈子？

## 齿轮 8　团队

没有人，如何成事？

让最适合的人上车。

有史以来最伟大的创意

# 齿轮 8　团队

- 你的团队成员必须包括：一流的专业人才，有能力去执行的人、有非线性思维、能跳出框框思考的人。

如果你的团队很精简且以人为本，
那你可能会让一个人承担多个角色的任务。

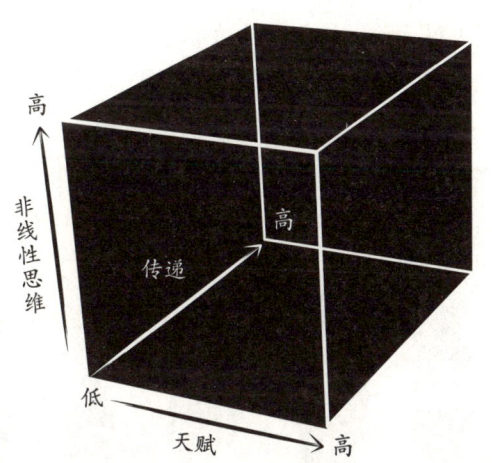

# 齿轮 9  团队

- **五种关键角色**：创新者、布道者、生产者、管理者和整合者。

创新者：他们的灵感会给整个企业带来火花。
布道者：企业概念的传播者，不断成长的舆论导向者。
生产者：他们是将创意转变为实实在在产品和服务的人才。
管理者：能在无序的现状中制定出合理的架构。
整合者：和各部门协调交涉、应对各种变数和关注公司的整体战略以让整个公司步调一致。

# 齿轮 9  团队

## 你必须回答的问题：

1. 你的团队成员是否拥有世界级的才华？
2. 你的成员能否进行非线性思维，是否具备执行力？
3. 你是否确认团队中包含这五种角色：创新者、布道者、生产者、管理者和整合者？

# 齿轮 9　现实检验

只有事实听上去像真的。

**永远直面残酷的现实。**

# 齿轮 9  现实检验

- 识别风险，为每一个齿轮识别一种风险。

# 齿轮 9　现实检验

**客户**：如果痛点只是针对部分客户，那你所做的就只是兴趣而已。

**产品爆点**：如果仅仅加了一点点功能，那并不是什么产品爆点。

**客户获取**：你的团队有能力说服顾客购买吗？

**商业模式**：降低成本还不够，只有增加零成本的项目才算得上是创新了商业模式。

**合作伙伴**：必须清楚他们能贡献什么以及可以得到什么。

**竞争对手**：打入现有市场很难，往你的竞争对手压根就没想到的方向去发展，说不定你进去的就是一片"蓝海"。

**全球化**：限制你发展的是你真的缺乏愿景。

**团队**：你的团队成员真的都是最合适的吗？

# 齿轮 9　现实检验

## 做现实检验，你需要进行：

**环境分析**：尝试识别出影响不同区域、不同市场的关键的政治、宏观经济、法规、技术和生态方面的因素。

**伦理分析**：你对于计划中的业务感到满意吗？你的团队有受到伦理方面的影响吗？

**风险汇总**：

| | 风险 | 如何避免 | 如何应对 | 可能性 | 严重性 |
|---|---|---|---|---|---|
| 1 | 流失关键员工 | 股票期权计划 | 接班人计划 | 15% | 30% |
| 2 | 产品被禁 | 游说 | 关门大吉 | 1% | 99% |
| 3 | 竞争 | 竞争 | 加强营销 | 80% | 15% |
| 4 | 外部融资 | 其他替代方案 | 其他替代方案 | 70% | 0% |
| 5 | 产品失败 | 试卖，做原型 | 买那些成为竞争对手的创业公司 | 5% | 70% |

## 齿轮 9　现实检验

• 你必须知道：
1. 你对公司运营做过数学计算吗?
2. 你知道可能会出现什么问题吗？你知道怎样避免吗？
3. 如果问题发生的话，你会怎么做？
4. 这些问题对于公司有多严重？
5. 问题发生的可能性有多大？

# 同步你的齿轮

让齿轮运转起来。

# 同步你的齿轮

## 仔细检查不同齿轮是否协调，有问题的话，及时修改，反复审核。

齿轮间运转顺利的标记 "√"：

齿轮间运转有问题的标记 "×"：

如果标记 "×" 的话，请回到之前的章节中，重新检查前面的工作，以保证能去除齿轮间的摩擦阻力。

|  |  |  |  |  |  |  |  |  |  | 团队 / 现实检验 |
|---|---|---|---|---|---|---|---|---|---|---|
|  |  |  |  |  |  |  |  |  | 全球化 / 团队 | 全球化 / 现实检验 |
|  |  |  |  |  |  |  |  | 竞争对手 / 全球化 | 竞争对手 / 团队 | 竞争对手 / 现实检验 |
|  |  |  |  |  |  |  | 合作伙伴 / 竞争对手 | 合作伙伴 / 全球化 | 合作伙伴 / 团队 | 合作伙伴 / 现实检验 |
|  |  |  |  |  |  | 商业模式 / 合作伙伴 | 商业模式 / 竞争对手 | 商业模式 / 全球化 | 商业模式 / 团队 | 商业模式 / 现实检验 |
|  |  |  |  |  | 客户获取 / 商业模式 | 客户获取 / 合作伙伴 | 客户获取 / 竞争对手 | 客户获取 / 全球化 | 客户获取 / 团队 | 客户获取 / 现实检验 |
|  |  |  |  | 产品爆点 / 客户获取 | 产品爆点 / 商业模式 | 产品爆点 / 合作伙伴 | 产品爆点 / 竞争对手 | 产品爆点 / 全球化 | 产品爆点 / 团队 | 产品爆点 / 现实检验 |
|  |  |  | 客户 / 产品爆点 | 客户 / 客户获取 | 客户 / 商业模式 | 客户 / 合作伙伴 | 客户 / 竞争对手 | 客户 / 全球化 | 客户 / 团队 | 客户 / 现实检验 |

| 客户 | 产品爆点 | 客户获取 | 商业模式 | 合作伙伴 | 竞争对手 | 全球化 | 团队 | 现实检验 |